Hildebrand Troll / Die Papstweissagung des hl. Malachias

DIE PAPSTWEISSAGUNG DES HEILIGEN MALACHIAS

Ein Beitrag zur Lösung ihres Geheimnisses

von

Hildebrand Troll

PAUL PATTLOCH VERLAG ASCHAFFENBURG

Angaben zur Person des Verfassers: 1922 in Augsburg geboren; von 1941–1947 Studium der Geschichte und Philologie; 1948 Promotion zum Dr. phil.; anschließend Eintritt in den staatl. bayerischen Archivdienst; seit 1980 Vorstand des Bayerischen Hauptstaatsarchivs.

Trifft es aber ein, und fürwahr,
es trifft ein, dann werden sie
erkennen, daß ein Prophet in ihrer
Mitte war (Ezechiel 33,33).

5. neubearbeitete Auflage

1985

Umschlagentwurf von Gerhard Schramm
Gesamtherstellung: Friedrich Pustet, Regensburg
ISBN 3-557-91162-4

VORWORT

Immer wieder, zumal bei Gelegenheit eines Pontifikatswechsels, wird die sogenannte Papstweissagung des hl. Malachias befragt und zur Charakterisierung der Päpste herangezogen[1]. Und in der Tat, es läßt sich nicht bestreiten: die vor vier Jahrhunderten entstandene Prophetie überrascht den aufmerksamen Leser durch den erstaunlichen Bezug ihrer Bildersprache zum tatsächlichen Verlauf der Papstgeschichte. Die Weissagung genießt daher zu Recht das ihr entgegengebrachte Vertrauen. Das Interesse an ihr dürfte weiterhin ansteigen, zumal sie nur noch für zwei kommende Päpste Aussagen bereithält, eine Tatsache, die man eschatologisch deuten kann, auch wenn man sie nicht zwangsläufig so interpretieren muß.

Die 5. Auflage erfuhr gegenüber der vorausgehenden keine wesentlichen Änderungen. Lediglich das Vatizinium für den regierenden Papst Johannes Paul II. fand eine zusätzliche interessante Auslegung. Im übrigen kann auch diesmal, um eine vorschnelle Abwertung der Weissagung zu vermeiden, nicht eindringlich genug auf den allegorischen Charakter der Vatizinienreihe hingewiesen werden, über den auf S. 21ff. Näheres gesagt ist.

München, im April 1985 H. T.

ÜBERLIEFERUNG

1595 erschien zu Venedig bei Giorgio Angelieri unter dem Titel *Lignum vitae, ornamentum et decus ecclesiae*[2] eine zweibändige biobibliographische Beschreibung berühmter Mitglieder des Benediktinerordens. Ihr Verfasser, der Belgier Arnold Wion, gehörte selbst dem Orden an. Während der Unabhängigkeitskämpfe der Niederlande 1578 aus dem Kloster Oudenburg (Aldenburg) in Flandern vertrieben, fand er einige Jahre später in S. Benedetto am Po, einer Abtei nahe Mantua, gastliche Aufnahme[3]. Wions Werk wäre vermutlich längst vergessen, enthielte es nicht eine Schrift, die hiermit zum erstenmal an die Öffentlichkeit gelangte und der ein einzigartiges Geschick bevorstand: die *Prophetia S. Malachiae archiepiscopi de summis pontificibus.* Als Wion nämlich auf Seite 307 des 1. Bandes auf den hl. Malachias, den irischen Erzbischof und päpstlichen Legaten des 12. Jahrhunderts, zu sprechen kommt, fügt er eine angeblich von diesem Heiligen stammende Weissagung auf die Päpste der Zukunft bei. Er leitet den Text mit folgenden Worten ein: *scripsisse fertur et ipse nonnulla opuscula, de quibus nihil hactenus vidi praeter quandam prophetiam de Summis Pontificibus, quae, quia brevis est, et nondum, quod sciam, excusa, et a multis desiderata, hic a me apposita est* (er soll auch einige kleinere Werke verfaßt haben; ich habe jedoch bisher keines von ihnen gesehen, es sei denn eine gewisse Weissagung über die Päpste, die ich an dieser Stelle hinzufüge, weil sie kurz ist, meines Wissens noch nicht veröffentlicht wurde und von vielen begehrt wird). Dann erscheint zum erstenmal der Wortlaut jenes Textes, dem unsere Untersuchung gilt*. Er besteht aus 111 kurzen orakelhaften Sinnsprüchen auf die Päpste von Cölestin II. (1143) bis zum Ende der Welt. Hinter den einzelnen Devisen – wie wir die Sprüche nennen wollen – stehen bis einschließlich Klemens VIII. (1592) die Namen der Päpste, bis Urban VII. (1590) sind sie überdies mit Kommentaren versehen, von

* Ein Faksimile der Erstausgabe von 1595 siehe nach Seite 114.

denen Wion behauptet, daß sie von dem Dominikaner Alfons Ciaconius herrühren (Quae ad Pontifices adjecta, non sunt ipsius Malachiae, sed R. P. F. Alphonsi Giaconis, Ordinis Praedicatorum, huius Prophetiae interpretis). Es ist dies der bekannte Kirchenhistoriker und Katakombenforscher, ein geborener Spanier, der unter Gregor XIII. nach Rom kam, Pönitentiar bei S. Maria Maggiore war und 1599 bei S. Sabina auf dem Aventin starb, wo er auch begraben liegt[4]. Sein Hauptwerk ist eine Papstgeschichte[5], die posthum von seinem Neffen herausgegeben, 1601 zu Rom erschien.

EINWÄNDE GEGEN DEN ECHTHEITSANSPRUCH

Die dem hl. Malachias zugeschriebene Weissagung erfreute sich nach ihrer Veröffentlichung wachsender Beliebtheit. Erst etwa 80 Jahre nach ihrem Bekanntwerden wurden ernsthafte Zweifel an ihrer Glaubwürdigkeit laut[6]. Forscher wie Carrière[7], Papebroch[8] und Ménestrier[9] meldeten ihre Bedenken. In jüngerer Zeit schlossen sich Vacandard[10], Bute[11], Thurston[12], Weingarten[13], Harnack[14] und Schmidlin[15] ihnen an. Man machte geltend, daß keine Handschrift der Prophetie aus der Zeit vor ihrer Veröffentlichung vorhanden ist und daß sie 450 Jahre lang, von der angeblichen Entstehungszeit bis zu Wions Herausgabe, in keiner Schrift Erwähnung findet[16]. Man wies darauf hin, daß Wion bei seiner Edition keine Quelle namhaft macht und Bernhard von Clairvaux, der Freund und Biograph des irischen Heiligen, zwar dessen Sehergabe besonders hervorhebt *(non prophetia defuit illi, non revelatio*[17]), der Papstprophetie aber mit keiner Silbe gedenkt. Ferner wurde beanstandet, der Verfasser habe eine Anzahl von Gegenpäpsten den legitimen Nachfolgern Petri zugezählt. Die angebliche Prophetie weise chronologische, historische und heraldische Ungenauigkeiten auf. Devisen wie *Fructus Jovis iuvabit* für Julius II., und *Esculapii pharmacum* für Pius IV. verrieten die Vorstellungswelt der Renaissance. An einigen Stellen zeige sich offensichtlich eine italienische und nicht irische Herkunft des Autors, so wenn er Lucius II. aus dem Hause Caccianemici das Motto *Inimicus expulsus* verleiht oder wenn er Alexander III., von dem er annimmt, er stamme aus der Familie Paparoni die Devise *Ex ansere custode* zuweist (der Gänserich italienisch papero); ebenfalls mit Bezug auf seinen Geschlechtsnamen wird der Piccolominipapst Pius III. durch *De parvo homine* gekennzeichnet; aus dem Familiennamen Caraffa *(cara fede)* und dem Taufnamen Pietro Pauls IV. wurde das Vatizinum *De fide Petri.*

All diesen Einwänden ist nichts oder nur wenig entgegenzuhalten. Mit Recht fand man auch den Unterschied zwischen den Sinnsprüchen für die Päpste vor und nach Wions Veröffentlichung äußerst verdächtig. Jedoch hat nur René Thibaut[18] die Stelle des Einschnitts genügend scharf erkannt – sie liegt zwischen den 71 ersten und den folgenden Devisen. Erstere spielen auf exakte Einzelheiten aus dem Vorleben der Päpste an wie Tauf- und Familiennamen, Geburtsort, Wappen und Titelkirchen, während die folgenden niemals mit solch massiver Deutlichkeit auf den jeweiligen Träger der Tiara hinweisen. Man hat daher mit Recht gefolgert, die Schrift müsse erst kurz vor ihrer Veröffentlichung entstanden sein.

Um zu veranschaulichen, mit welcher Sinnfälligkeit die ersten 71 Devisen auf die von ihnen gekennzeichneten Päpste Bezug nehmen, genügen schon ganz wenige Beispiele. Bei ihrer Lektüre bleibt dem Leser kein zögerndes Überlegen, kein Raten, kein Argwohn mehr. Wer sich im Vorleben dieser Päpste auskannte, fand einige seiner Züge sofort in den Devisen wieder. Für die weniger Eingeweihten sorgten die beigefügten Kommentare, denselben Eindruck restloser Erfüllung des Geweissagten zu erwecken. De corona montana (von der Krone des Berges), wer anders kann damit gemeint sein als Julius III., der Giovanni Maria del Monte hieß und dessen Wappen Berge und Kränze zeigt? Cölestin IV. war Kardinal-Bischof von Sabina, sein Wappenschild trägt einen Löwen, daher seine Devise Leo Sabinus (der Löwe aus Sabina). Bonifaz VIII. hieß mit Taufnamen Benedikt, über den Schild seines Wappens laufen zwei Wellenlinien, daher Ex undarum benedictione (aus dem Segen der Wellen). Innozenz VII. stammte aus der Familie Migliorati, er führt im Wappen einen Kometen, also: De meliore sidere (vom besseren Gestirn). Eugen III. war zu Montemagno geboren, daher Ex magnitudine montis (von der Größe des Berges). Der Einschnitt zwischen den 71 ersten und 40 letzten Devisen ist so augenfällig, daß die Forschung aus dieser Tatsache Konsequenzen ziehen mußte. Sie gelangte zur Ansicht, das Schriftstück sei eine Fälschung aus der 2. Hälfte des 16. Jahrhunderts. Der französische Abbé Joseph Maitre, der um die Jahrhundertwende in zwei umfangreichen Büchern[19] eine Verteidigung der Prophetie vorlegte, suchte die Zäsur zu ignorieren. Das Vorhandensein oder Fehlen handgreiflicher Hinweise auf biographische Einzelheiten ist für ihn nicht entscheidend. Wichtiger scheint ihm die den Vatizinien innewohnende Symbolik, die eine Charakterisierung der einzelnen Pontifikate ermöglicht. Wie wir noch sehen werden, ist für die 40 letzten Sinnsprüche von Gregor XIII. ab eine solche bildhafte Aussage zweifellos das Wesentliche, viel schwächer ausgeprägt läßt sie sich gelegentlich aber auch in den 71 ersten Vatizinien nachweisen.

So wird durch die Devise Gregors XI. Novus de virgine forti (der Neue von einer starken Jungfrau) die Gestalt der hl. Katharina von Siena transparent, die im Leben dieses Papstes eine so bedeutsame Rolle spielte und der seine Übersiedlung von Avignon nach Rom zu verdanken ist. Die Glosse Qui vocabatur Petrus Belfortis, Cardinalis S. Mariae Novae (der Petrus Belfortis (Beaufort) hieß und Kardinal von S. Maria Nuova war) weiß von dem Symbolgehalt dieser Devise nichts. Aber, so fragt man sich, wenn sie lediglich Name und Titelkirche des Papstes wiedergeben will, warum lautet sie dann nicht folgerichtiger: Fortis de virgine nova? Ein weiteres Beispiel ist Nikolaus' V. Devise De modicitate Lunae (vom geringen Mond); auch hier bringt der Kommentar nur die äußeren Gegebenheiten: Lunensis de Sarzana, humilibus parentibus natus (aus Sarzana im Bistum Luna, von geringen Eltern stammend). Aber enthält das Vatizinium nicht eine Anspielung auf die Einnahme Konstantinopels durch den Halbmond (1453), ein Ereignis, das Nikolaus' V. Pontifikat überschattet? Die Devise Urbans VI. De inferno praegnanti (von der schwangeren Hölle) ist ohne Zweifel ein massiver Hinweis auf die Herkunft des Papstes, entsprechend ihrem Kommentar: Neapolitanus Pregnanus, natus in loco qui dicitur Infernus (ein Neapolitaner namens Prignano, der in einem Ort geboren war, der Inferno heißt); darüber hinaus ruft aber das Vatizinium die Erinnerung wach an das große abendländische Schisma, das unter diesem Pontifikat seinen Anfang nahm.

Joseph Maitre hat den Symbolgehalt in den 71 ersten Devisen zwar richtig erkannt, ihn jedoch stark überschätzt. Bei weitem nicht in allen Vatizinien der ersten Gruppe läßt er sich nachweisen. Man gewinnt eher den Eindruck, daß es ihrem Autor nicht unbedingt um eine sinnbildliche Charakterisierung der Pontifikate zu tun war.

Seine Devisen enthalten dem Leser in die Augen springende Hinweise auf äußere Lebensumstände, wie sie sich in Name, Geburtsort, Wappen und Kardinalskirche des Papstes anboten. Nur dort, wo sich aus solch peripherem Tatsachenmaterial eine Devise gewinnen ließ, die dem betreffenden Pontifikat zugleich eine Signatur verlieh, gelang ein Motto, das mehr war als ein durch Äußerlichkeiten inspirierter Sinnspruch. Die Folgerungen, die Maitre aus seiner Erkenntnis zog, sind daher zu weitreichend. Nichts kann über die Tatsache hinwegtäuschen, daß die 40 letzten Devisen einen anderen Charakter besitzen. Ihr Symbolgehalt ist wesentlich ausgeprägter, nur sehr sparsam und vorsichtig ist bei ihnen von jenen Mitteln Gebrauch gemacht, die bei den 71 ersten Devisen dauernd Verwendung finden (Name, Geburtsort, Wappen, Titelkirche). Sie fragen nur noch selten nach dem Vorleben des Papstes, sondern kennzeichnen in ihrer überwiegenden Mehrzahl das Pontifikat als solches, seine Leistungen oder seine Widersacher. Dieser Gegensatz ist offensichtlich. Er ist so eindeutig, daß die beiden Gruppen der Sinnsprüche sich klar voneinander abheben. Die zweite Gruppe kennt kein einziges Beispiel, das mit so massiver Deutlichkeit auf den Träger der Tiara anspielt, wie dies in der ersten Gruppe stets der Fall ist.

DAS ENTSTEHUNGSPROBLEM

Man hat verschiedene Theorien über die Entstehung der Malachiasprophetie aufgestellt. Vor allem hat man an die Sedisvakanz nach dem Tode Urbans VII. (1590) als Entstehungszeit gedacht. Damals sei die Weissagung in der vorliegenden Form verfaßt und in Umlauf gesetzt worden, um dem Kardinal Simoncelli, Bischof von Orvieto (= *Urbs vetus*) durch die Devise *Ex antiquitate Urbis* zur Tiara zu verhelfen. Diese Hypothese hat als erster 1689 der französische Jesuit Ménestrier[20] geäußert, in neuerer Zeit schlossen sich ihm Döllinger[21] und Pastor[22] an. Auch Harnack[23] kam zu dem Ergebnis, die Weissagung sei zwischen der Wahl Urbans VII. und der Gregors XIV., also zwischen dem 16. September und 4. Dezember 1590 entstanden, um durch die Devise *Ex antiquitate Urbis* Simoncelli den Kardinälen zu empfehlen. Aber nicht nur *Maitre*[24], sondern auch Schmidlin[25] haben diese Theorie als unhaltbar abgelehnt. Zunächst war Simoncelli ein alter Mann, der älteste unter den Wählern. Er war zu keinem Zeitpunkt des Konklaves ein aussichtsreicher Kandidat, dazu persönlich ohne jede Ambition. Auch ist kaum anzunehmen, daß nur um dieser einen Kandidatur willen ein Schriftstück verfaßt worden sein soll, das sehr detaillierte Kenntnisse der Papstgeschichte voraussetzte. Ebenso macht es die lange Reihe der in die Zukunft weisenden Vatizinien unwahrscheinlich, daß die Weissagung aus diesem Anlaß entstanden ist. Vergleicht man mittelalterliche Papstprophetien mit ihr, so beobachtet man, daß diese jeweils sehr bald nach dem Vatizinium jenes Papstes abbrechen, zu dessen Gunsten sie entstanden sein sollen. Keine von ihnen hat wie die Malachiasprophetie eine Länge von 111 Gliedern. Außerdem – wir werden noch darauf zurückkommen – ist die Voraussetzung der Hypothese falsch, da die dem *Ex antiquitate Urbis* vorausgehende Devise nicht zur ersten, sondern zur zweiten Gruppe der Vatizinien gehört.

René Thibaut[26] dachte an den englischen Theologen Nicholas Sanders[27] als Verfasser der Prophetie. Sanders hatte während der englischen Katholikenverfolgung seinen Lehrstuhl in Oxford verlassen müssen, in Rom die Priesterweihe empfangen und den Rest seines Lebens der kirchlichen Wiedergewinnung seiner Heimat gewidmet. Zusammen mit dem irischen Freiheitskämpfer Fitzmaurice betrieb er eine militärische Expedition zur Befreiung Irlands von englischer Herrschaft. Das Unternehmen nahm jedoch ein klägliches Ende, und Sanders kam 1581 ums Leben. Was für seine Autorschaft spricht, ist so gering, daß wir nicht ernsthaft an sie glauben können. Daß Sanders ein konsequenter Verteidiger päpstlicher Rechte war – von wieviel englischen Katholiken dieser Zeit läßt sich nicht dasselbe behaupten! Daß er sich zeitweise in Spanien aufhielt, um Philipp II. für den Plan einer englischen Expedition zu gewinnen – genügt dies, um gleich auf eine Verbindung zu dem Spanier Ciaconius zu schließen? Auch daß er für die Freiheit Irlands wirkte und starb, ist noch kein Anhaltspunkt dafür, daß die einem Heiligen dieser Insel zugeschriebene Prophetie von ihm herrührt[28].

Hermann Weingarten[29] hat nachzuweisen versucht, daß Wion als Herausgeber auch zugleich Verfasser und Interpret der Prophetie sei. Seine Hypothese fand starken Widerspruch[30]. Die Devisen für Gregor XIV., Innozenz IX. und Klemens VIII., der drei letzten Päpste vor dem Jahr der Veröffentlichung (1595), blieben ohne Kommentare. Es ist unerklärlich, weshalb Wion, sollte er ihr Verfasser sein, sie unkommentiert ließ. Auch ist man sich darüber einig, daß das *Lignum vitae* dem Zweck dient, den Benediktinerorden und seine Leistungen zu verherrlichen. Wäre es da nicht naheliegend, daß Wion, falls er der Verfasser der Prophetie ist, die Päpste aus dem Benediktinerorden als solche besonders hervorgehoben hätte? Innozenz V. und Benedikt XI. sind als Dominikaner, Sixtus IV. als Franziskaner gekennzeichnet *(Concionator Gallus; Concionator patereus; Piscator minorita)*, aber nicht ein einziges Mal ist die Ordenszugehörigkeit eines Benediktinerpapstes berücksichtigt. Und endlich: Hätte Wion, wenn er die Weissagung verfaßt hätte, nicht gerade die letzten Päpste vor 1595, Gregor XIV., Innozenz IX. und Klemens VII., mit weniger Symbolik, aber um so deutlicheren Anspielungen auf individuelle Züge bedacht, als dies in Wirklichkeit geschehen ist?

Eine originelle, wenngleich wenig glaubwürdige Hypothese zum Entstehungsproblem hat H. Thurston[31] geliefert. Ihr zufolge hätte der Autor bis Sixtus V. aus der Geschichte geschöpft. Wo für ihn die Zukunft beginnt, das heißt mit Urban VII., habe er nach mutmaßlichen Papstkandidaten Umschau gehalten. Dabei sei er auf die Namen Castagna, Bischof von Rossano, Simoncelli aus Orvieto, Bellarmin aus Montepulciano, Santa Croce aus Rom und Baronius gestoßen. Der Reihe nach habe er ihnen die Devisen *De rore coeli, Ex antiquitate Urbis, Pia civitas in bello, Crux Romulea und Undosus vir* zugelegt. Thurston denkt bei *Pia civitas in bello* deshalb an Bellarmin, da das *bellum* in seinem Namen anklingt und er aus Montepulciano in der Toscana stammt, der Heimat seines Oheims, des heiligmäßigen Papstes Marcellus II. *Undosus vir* eigne sich für Baronius, da in dessen Wappen Wellenlinien erscheinen. Thurston verdächtigt Ciaconius dieses launenhaften Spiels mit der Zukunft. Er nimmt an, daß nach dem *Undosus vir* die restlichen 33 Devisen völlig systemlos erfunden wurden.

Die Konstruktion Thurstons ist von der Forschung niemals ernsthaft akzeptiert worden. Sie sei nur der Kuriosität halber erwähnt ebenso wie die Ansicht Luigi Fumis[32] und Orazio Premolis[33], denen zufolge wir den Verfasser der Malachiasprophetie in dem abgefeimten Hochstapler und professionellen Urkundenfälscher Alfonso Ceccarelli zu suchen hätten, der seine Betrügereien 1583 zu Rom mit dem Leben sühnen mußte.

Mit der Devise *Medium corpus pilarum* ändert sich der Charakter der Vatizinien. Noch bei der 71. Devise *Angelus nemorosus* wußte der Interpret eine plausible Erklärung: Pius V. hieß mit Taufnamen Michael, daher «*angelus*», er stammte aus Bosco bei Alessandria, daher «*nemorosus*» (ital. bosco = Wald). Es sind noch drei weitere Devisen kommentiert, aber die Auslegung wird unsicher, man hat das Empfinden sie tastet im Ungewissen. Das *medium corpus* der ersten dieser drei Devisen sieht der Kommentar im Drachen des Buoncompagniwappens verwirklicht, dem die Gliedmaßen fehlen.

Um jedoch das *«pilarum»* zu deuten, muß er das Wappen Pius' IV. zu Hilfe nehmen – ein Verfahren, zu dem er sich bei den vorausgehenden Vatizinien niemals genötigt sah. Wäre auch der 72. Sinnspruch von derselben Art wie die 71 ersten Devisen, er hätte etwa *«medius draco»* gelautet.

Ganz offensichtlich besitzen die Vatizinien bereits von Nr. 72 *(Medium corpus pilarum)* und nicht erst von Nr. 75 *(Ex antiquitate Urbis)* an einen anderen Charakter. Die Kritik, welche glaubt in der 75. Devise den Schlüssel zur Lösung des Geheimnisses zu besitzen, läßt dies gänzlich außer acht.

Der Wechsel im Charakter der Weissagung, wie er bei den Vatizinien für die Päpste vom Ende des 16. Jahrhunderts an in Erscheinung trat, hat den Schluß nahegelegt, das Schriftstück sei damals als eine bewußte Fälschung entstanden. Der Verdacht wird durch die Tatsache gestützt, daß bald darauf (1595) seine Drucklegung erfolgte. Thibaut[34] ist der erste, der den Gedanken einer partiellen Fälschung zum Ausdruck brachte. Er stellte sich den Vorgang jedoch zu kompliziert vor: ein Verfasser – er denkt an Nikolaus Sanders – habe die ganze Weissagung in prophetischer Vor- und geschichtlicher Rückschau geschaffen, ein Fälscher – er vermutet Ciaconius – ging anschließend daran, die bereits eingetroffenen Vatizinien durch handgreifliche Hinweise umzugestalten. So erklärt sich Thibaut das gelegentliche Aufleuchten einer gewissen Gedankentiefe und Symbolik auch bei den 71 ersten Devisen.

In Wirklichkeit dürfte es sich anders verhalten haben: die Papstweissagung geht zurück auf einen mit dem Charisma der Prophetie begnadeten Menschen des 16. Jahrhunderts. Die erste seiner Vatizinien ist die Devise für Gregor XIII. *Medium corpus pilarum.* Diese und die 39 folgenden Devisen sind anschließend nach rückwärts ergänzt worden. Dabei kam es darauf an, Interesse für die Prophetie zu erwecken; denn eine Weissagung, die sich nicht schon durch teilweise Erfüllung bestätigt hat, findet erfahrungsgemäß bei den Zeitgenossen wenig Beachtung. Dieses Verfahren wurde auch bei den mittelalterlichen Papstprophetien immer wieder mit Erfolg angewandt. Sie nehmen alle mit Hilfe einiger *Vaticinia ex eventu* einen gewissen «Anlauf», ehe sie zur eigentlichen Zukunftsschau übergehen. So geschah es auch mit der Malachiasprophetie. Sie wurde durch 71 Glieder nach rückwärts erweitert. Dies erfolgte zweifellos mit Hilfe der 1557 zu Venedig in zwei Ausgaben erschienenen *Epitome vitarum Romanorum Pontificum* des Augustinermönchs Onofrio Panvinio. Das Werk des berühmten Kirchenhistorikers bot in bequemer Weise alles, was zur Gestaltung der 71 ersten Devisen der Prophetie benötigt wurde: Wappen der Päpste und biographische Notizen aus ihrem Vorleben. Ein Vergleich zwischen der Weissagung und der Schrift des Panvinius offenbart die denkbar größte Gemeinsamkeit, die auch historische Fehler sowie Zahl und Reihenfolge der Gegenpäpste miteinschließt[35]. Die verlängerte Prophetie begann man mit der Devise für Cölestin II. (1143). Dadurch ließ sie sich dem hl. Malachias, einem Zeitgenossen dieses Papstes zuschreiben, dessen Prophetengabe historisch bezeugt war.

VERHÄLTNIS ZU DEN MITTELALTERLICHEN PAPSTWEISSAGUNGEN

Ein ernst zu nehmender Einwand gegen die Authentizität unserer Schrift erfolgte von Herbert Grundmann und Friedrich Baethgen, die sich mit den mittelalterlichen Papstprophetien beschäftigten[36]. Sie betrachten die Malachiasprophetie als einen bis heute noch lebenskräftigen Ableger der im Kreise der Franziskanerspiritualen und durch eine Umformung byzantinischer Kaiserorakel entstandenen mittelalterlichen Papstvatizinien. Ein Vergleich zwischen diesen Weissagungsreihen und der Malachiasprophetie führt jedoch zu dem Ergebnis, daß zwischen ihnen keinerlei Abhängigkeit besteht. Ihre Verwandtschaft beschränkt sich darauf, daß sie derselben literarischen Gattung angehören, eben Papstprophetien sind. Die sogenannte Joachim-Anselmprophetie, der Urtyp aller mittelalterlichen Papstweissagung, hat in seiner endgültigen Gestalt 30 Glieder, die Malachiasprophetie deren 111; jene übt oft heftige Kritik an den Päpsten, diese nicht; jene ist mit Bildern ausgestattet, diese nicht; der Begleittext ist bei der Joachim-Anselmprophetie weitschweifig, die Sinnsprüche der Malachiasprophetie sind äußerst knapp und bündig. Was die Malachiasweissagung aus der Vorstellungswelt der mittelalterlichen Papstprophetien entlehnt haben könnte, ist die Devise *Pastor angelicus*, das Vatizinium Pius' XII. Aber der Glaube an den Engelpapst war bald über den Joachimistischen Kreis hinaus verbreitet und gewissermaßen Gemeingut der katholischen Welt geworden. Auch Savonarola huldigte ihm[37].

Ein entscheidender Unterschied der Malachiasprophetie zu den Papstweissagungen, die vor oder etwa gleichzeitig mit ihr entstanden sind, kann nicht übersehen werden: die Malachiasprophetie erwartet die apokalyptischen Zeiten nicht in naher Zukunft, sie besitzt eine so lange Laufzeit wie kein anderes Erzeugnis dieser Gattung[38]. Selbst jene weitverbreitete Vatizinienreihe, die mit Martin V. beginnt und bis zum Erscheinen des Antichrist reicht, kennt nur 28 Glieder; falls sie 1590 geschrieben wurde[39], also nur noch vier Vatizinien nach ihrer Entstehung – die Malachiasprophetie deren noch 40!

Die mittelalterlichen Papstprophetien sind in das Gewand der Weissagung gekleidete Kritik an kirchlichen Zuständen, die Malachiasprophetie kennt keine solche Zweckgebundenheit, sie ist eine Schau der Welt- und Heilsgeschichte und daher nicht unmittelbar an der Gestaltung der Gegenwart interessiert. Die *Vaticinia seu praedictiones illustrium virorum*, 1605 zu Venedig bei Giovanni Battista Bertoni erschienen, enthalten außer der Joachim-Anselmprophetie eine Reihe von Papstvatizinien, von denen Grundmann[40] annimmt, sie seien 1590 zur Wahlagitation entstanden. Man findet unter ihnen kein Stück, das in Form oder Inhalt eine Verwandtschaft mit der Malachiasprophetie aufweist.

Großer Beliebtheit und weiter Verbreitung erfreuten sich die 30 Bilder der mittelalterlichen Papstprophetie zur Zeit der Reformation, die sie zur Agitation gegen das Papsttum benutzte. Andreas Osiander, der Reformator Nürnbergs, interpretierte sie durch Texte im Sinne der neuen Lehre und Hans Sachs stattete sie mit Vierzeilern aus. 1527 wurden die Weissagungen in Nürnberg neu gedruckt und ein Exemplar Martin Luther übersandt, der ihnen immerhin soviel Beachtung schenkte, daß er einen Nachdruck besorgen ließ. Der Interpretation Osianders zufolge zeigen die Bilder, wie das Papsttum sich immer mehr zum Antichristen entwickelt, bis schließlich Martin Luther, den man in einem der Bilder geweissagt glaubte, erscheint und die Kirche erneuert. Die aus dem Mittelalter überkommene Papstweissagung hatte eben von Anfang an soviel Angriffsstoff gegen das Papsttum gespeichert, daß sie sich von der Reformation für deren Zwecke gebrauchen ließ. Die Drucke oder Abschriften in der einen oder anderen Gestalt nahmen gegen das Ende des 16. Jahrhunderts zu und gerade 1589, also nur 6 Jahre vor dem Erscheinen der Malachiasprophetie, kam ebenfalls in Venedig die Edition des Paschalinus Regiselmus in Druck, der sich unter Heranziehung von 8 Handschriften und 7 Ausgaben um einen zuverlässigen Text der Weissagungen bemühte. Ob nun zugunsten der Reformation ausgelegt oder nicht, aus der Joachim-Anselmprophetie ließ sich immer der Schluß ziehen, daß so oder so das Papsttum seinem Ende sich zuneigt. Es lag nahe, daß auf diese Vorstellung die Gegenreformation die Antwort nicht schuldig blieb und es war naheliegend, daß sie in ebenderselben Form, d. h. durch die Papstprophetie, gegeben wurde. So betrachtet ist die Malachianische Weissagung die katholische Antwort auf den Versuch mit Hilfe der mittelalterlichen Papstweissagung den nahen Untergang des Papsttums voraussagen zu wollen.

INTERPRETATION DER ÄLTEREN VATIZINIENREIHE

Der Gehalt der einzelnen Vatizinien ist unterschiedlich. Sie bieten bald eine Charakterisierung eines gesamten Pontifikats, bald einzelner wichtiger Ereignisse innerhalb desselben; andere wieder sind Anspielungen auf Herkunft oder frühere Tätigkeit der Päpste oder geben durch Tiersymbolik einen Hinweis auf die Feinde des Papsttums. Zahlreich sind jene Sinnsprüche, die eine symbolische Charakterisierung des Pontifikats durch Verwendung von Elementen des Papstwappens erreichen, wieder andere benützen hierzu Züge aus der Lebensgeschichte des Tagesheiligen des Wahltermins. Letztere Erscheinung dürfte wohl ohne Beispiel sein, zeigt sie doch, daß unser Seher eine Schwierigkeit nicht kannte, die sonst bei dem Phänomen der Weissagung häufig auftritt und ihren Wahrheitsanspruch oft stark in Zweifel zieht: die zeitliche Fixierung des Geschauten. Der Urheber der Papstprophetie sieht immer wieder innerhalb der langen Reihe der Nachfolger Petri den Wahltag eines bestimmten Papstes mit erstaunlicher Präzision voraus, so etwa den Tag, an dem Pius X. mit dem Sinnspruch «*Ignis ardens*» (brennendes Feuer), auf den Stuhl Petri erhoben wurde. Es war der 4. August, an dem das Fest des hl. Dominikus begangen wird, dessen Attribut die brennende Fackel ist. Neben der Heraldik der Papstwappen dienen somit auch Legende und Attribut des Heiligen des Wahltages als Bausteine der Vatizinien. Diese Vielzahl der Gesichtspunkte ist kein Argument gegen die Glaubwürdigkeit der Prophetie; denn ihr Verfasser sah sich bei der Auswahl des Stoffes für seine Vatizinien an keine Schranken gebunden. Entscheidend war, daß ihm ein Sinnspruch gelang, der das betreffende Pontifikat ausreichend charakterisierte.

Man darf der Malachiasprophetie gegenüber die Forderung erheben, daß zwischen ihren Vatizinien und der Papstgeschichte eine Relation bestehen muß. Sie aufzuspüren ist jedoch nicht immer einfach. Es scheint ein Wesenszug aller Prophetie zu sein, daß sie, das, was sie aussagen will, verschleiert; sie tut niemandem Gewalt an und will nicht zum Glauben zwingen. Das hat sie mit allen Erscheinungen einer transzendenten Welt gemein und spricht nicht gegen, sondern für sie.

Die Weissagung gibt ihr Geheimnis nicht immer sofort preis. Vieles in ihr ist nicht im Klartext ausgesprochen, sondern in allegorischen Bildern verschlüsselt. Und viele Vorurteile, die gegen die Malachianische Weissagung vorgebracht werden, beruhen auf einer zu geringen Veranschlagung ihres Hauptstilmittels, der Allegorie. Aber diese gehört nun einmal zum Erscheinungsbild des Barock und wie bei jeder allegorischen Darstellung, so wird man sich auch bei der Papstprophetie um den Bezug zwischen Bild und Begriff bemühen müssen. Alle Interpreten, die den Devisen von Gregor XIII. an mangelnde Übereinstimmung mit der Papstgeschichte vorwarfen, haben den allegorischen Charakter der Weissagung außer acht gelassen. Selbstverständlich konnte Ihr Urteil über den Wert des Schriftstücks dann nur noch ein negatives sein. Jede Allegorie stellt die Probe, «ob man auch hinter einem Schleier die Wahrheit zu entdecken vermag»[41] und besonders dort, wo sich die Allegorie mit der Rätselform des Orakels verbindet, mag ihre Deutung nicht immer leicht fallen. Aber solche Interpretationsschwierigkeiten geben noch nicht das Recht, voreilige Schlüsse zu ziehen über den Echtheitscharakter eines literarischen Denkmals. Dieser Mangel an Bereitschaft die Bilder zu dechiffrieren und die geheime Botschaft, mit der sie beladen sind, zu ergründen kennzeichnet die Kritik an der Weissagung bis in unsere Tage. Dies ist um so erstaunlicher als sich in der Gegenwart auf den verschiedensten Wissensgebieten wachsendes Verständnis für die Welt der Symbole und des Allegorischen kundtut.

Das Geheimnis der Allegorie enthüllt sich oft erst dann, wenn die repräsentierte Sphäre den Vergleich ermöglicht[42], das heißt bei den Devisen der Papstprophetie, wenn das durch sie gekennzeichnete Pontifikat abgelaufen ist. Um mit Pascal zu sprechen: «Man versteht die Weissagungen erst, wenn man die eingetroffenen Dinge sieht» (Pensées 523).

Wir dürfen auch nicht außer Betracht lassen, daß das Erscheinen der Malachiasprophetie in eine Zeit fiel, in der die Emblematik, d. h. die Lehre einer besonderen Sinnbildkunst in Verbindung von Rätselbild und Epigramm, in ganz Europa weite Verbreitung fand. Das Bild drückt etwas Konkretes aus, der Text gibt ihm einen höheren, über die konkrete Darstellung hinausweisenden Sinn[43]. Verbildlichung der Aussage war niemals so beliebt wie damals. Gleichnisse der verschiedensten Art wie Allegorie, Metapher, Symbol und Rätsel waren Ausdruck dieser Bildersprache, die zugleich verhüllt und enthüllt. Dieses Denken in Bildern ist natürlich schon viel älter; es war besonders beheimatet im Symbolismus des Mittelalters, demzufolge alles Sichtbare zeichen- und gleichnishaften Charakter trägt. Aber schon «von den Ursprüngen her hatte die Menschheit im Bündnis mit dem Symbol gelebt und aus ihm Kraft geschöpft, die wuchtende Schwere des rätselvollen Daseins zu meistern. Auch dem europäischen Geist blieb noch bis ins 18. Jahrhundert ein Denken in Symbolen vertraut; man faßt es kaum, daß in so kurzer Zeit ein derartiger Bruch geschehen konnte mit einer Geisteshaltung, die zur natürlichen Mitgift des Menschseins gehört»[44].

Medium corpus pilarum
= Der Himmelskörper
inmitten der Gestirne

Gregor XIII.
(Ugo Buoncampagni)
1572–1585

Die *Vaticinia ante eventum* der Malachiasprophetie beginnen mit einem Sinnbild von großartiger Ausdruckskraft: Das Papsttum ist der Himmelskörper, den die übrigen Gestirne wie eine Sonne umkreisen. Denn so möchte die Devise übertragen sein, will man ihrem symbolischen Charakter gerecht werden. Sie enthält, wie man vermuten darf, eine Anspielung auf jene Maßnahme, durch die dieses Pontifikat für alle Zeiten berühmt wurde: die Verbesserung des Kalenders. Darüber hinaus versinnbildet sie jedoch die universale Fürsorge Gregors XIII. für die Kirche. Unter ihm, der «stets die ganze katholische Welt ins Auge faßte» (Pastor), wurden an die Glaubensneuerung verlorengegangene Gebiete wiedergewonnen, das Bewahrte gehalten und gesichert. Jenseits der Meere drang die katholische Mission in bisher verschlossene Gebiete vor. Im Nahen und Fernen Orient, in Afrika und der Neuen Welt errang sie beachtliche Erfolge. Der Hauptträger dieser Bewegung, der Jesuitenorden, wurde vom Papst aufs großzügigste gefördert. Für den Klerus der europäischen Länder wurden am Sitz des Papsttums Ausbildungsstätten errichtet, durch ein Netz apostolischer Nuntiaturen die katholischen Völker enger an ihren geistigen Mittelpunkt gebunden.

Kurz vor seinem Tod konnte der Papst eine Abordnung christlicher Fürsten Japans im Vatikan empfangen. Eine Ansprache, die während der Audienz von dem portugiesischen Jesuiten Consalvi gehalten wurde, führte u. a. aus: den idealen Fürsten vergleiche man am besten mit der Sonne; sie stehe in der Mitte des Himmels und bestrahle die äußersten Enden des Erdkreises. So beschränke sich auch der apostolische Eifer des Papstes nicht auf Europa, sondern reiche bis in das ferne Land der Japaner[45].

«Medium corpus» läßt sich auch als «der halbe Körper» übertragen und man kann so in der Devise, was häufig geschah, einen Hinweis auf das Papstwappen, den Drachen ohne Gliedmaßen, erkennen.

Axis in medietate signi
= Die Achse in der Mitte des Zeichens

Sixtus V.
(Felice Peretti)
1585–1590

Das Vatizinium «Die Achse in der Mitte des Zeichens» für Sixtus V. ist zunächst inspiriert durch das Wappenbild dieses Papstes; es stellt einen Löwen dar, der von einem Schrägbalken durchschnitten ist. Signum bedeutet auch «Sternbild»; so ist «signum leonis» als Sternbild des Löwen bei Cicero, De divinatione I,53 belegt.

Darüber hinaus ließ sich durch diesen Sinnspruch ein Hinweis gewinnen auf eine die Zeitgenossen stark faszinierende Maßnahme dieses Pontifikats, der symbolische Bedeutung zukam: der Papst ließ die im Schutt der Jahrhunderte begrabenen Obelisken des antiken Rom an den Hauptpunkten der Ewigen Stadt wieder errichten und versah sie mit dem Kreuz Christi als triumphierendem Siegeszeichen auf der Spitze. Die Geste fand weiteren Widerhall. Sie wurde verstanden als Symbol einer Zeitenwende. Wie im 4. Jahrhundert hatte das Kreuz abermals die Antike überwunden, die Renaissance war zu Ende, und in die verjüngte Kirche war ein neuer Geist eingezogen. «Signum» besitzt auch die Bedeutung von «Bildsäule». Das Kreuz auf ihrer Höhe ist die Achse der Welt[46].

Das *Axis in medietate signi* bedeutet so den Papst, der sein Pontifikat verewigen wird durch Errichtung dieser «gewollten und sprechenden Symbole des neuen Geistes»[47].

De rore coeli
= Vom Tau des Himmels

Urban VII.
(Giambattista Castagna)
1590

Es begegnet uns hier einer jener Sinnsprüche, die wie schon die Präposition andeutet, einen Hinweis geben auf ein Ereignis aus dem früheren Leben des Papstes.

Der Kommentar zu dieser Devise, der letzten innerhalb der Vatizinienreihe, die einen solchen gefunden hat, besagt, daß dieser Papst vor seiner Wahl Erzbischof von Rossano in Kalabrien war und daß dort Manna gewonnen wird. Was letztere Angabe betrifft, so ist dabei wohl an den in Rossano aus der Mannaesche hergestellten Sirup gedacht[48]. Wir haben es hier mit einem jener Vatizinien zu tun, die sich einen lediglich lautlichen Anklang (des Bistumsnamens Rossano zu lat. ros, roris = der Tau) zu nutze machen, um eine brauchbare Devise für das Pontifikat zu erhalten. Diese Beobachtung wird uns noch öfter begegnen, so bei De flumine magno für Klemens X. (S. 47), De bona religione für Innozenz XIII. (S. 57), Aquila rapax für Pius VII. (S. 70) und De medietate lunae für Johannes Paul I. (S. 88). Unter den 71 ersten, nicht prophetischen Sinnsprüchen ist diese Erscheinung häufig vertreten. Natürlich beschränkt sich die Weissagung – jedenfalls in ihren 40 authentischen Vatizinien – nicht auf solche Wortspiele. Die Lautähnlichkeit dient lediglich dazu, neben dem allein entscheidenden symbolischen Gehalt des Sinnspruchs auch einen direkten, konkreten Bezug zwischen Spruch und Papstleben herzustellen. Es kann nicht genug betont werden, daß es den echten, prophetischen Vatizinien, die mit Medium corpus pilarum, der Devise Gregors XIII. († 1585) einsetzen, nicht so sehr auf die Wiedergabe äußerer Umstände ankommt, sondern auf eine Charakterisierung des gesamten Pontifikats. Dies unterscheidet sie von den 71 ersten Devisen, bei denen das Verhältnis gerade umgekehrt ist: die Verwendung der äußeren Fakten überwiegt und nur gelegentlich ist mit ihrer Hilfe ein Sinnspruch gelungen, der darüber hinaus einen symbolischen Gehalt birgt. So ist bei De rore coeli, wie es der Kommentar besagt, zunächst vordergründig auf das Bistum Rossano hingewiesen, dessen Inhaber der neue Papst war.

Darüber hinaus dürfte der Spruch auch den Tag der Papstwahl angekündigt haben. Wir werden im weiteren Verlauf unserer Ausführungen die erstaunliche Beobachtung machen, daß dem Seher in einer Reihe weiterer Fälle eine Vorhersage des Wahldatums geglückt ist. Castagnas Wahl erfolgte an einem 15. September. An diesem Tag wird in der Kirche die Oktav von Mariae Geburt (8. 9.) gefeiert, die damals noch nicht von dem Fest der Schmerzen Mariens überlagert war. Nun wird das Bild vom Tau bei kirchlichen Schriftstellern wiederholt metaphorisch für Maria verwendet; so bezeichnet Isidor von Saloniki in seiner Predigt auf Mariae Geburt die Gottesmutter als Tau des Himmels (Migne, Patrologia Graeca 139,18).

Wir werden bei den folgenden Vatizinien immer wieder die überraschende Erfahrung machen, daß einzelne Sinnsprüche so gewählt sind, daß sie auf eine Mehrzahl von Erscheinungen im Leben oder Pontifikat der betreffenden Päpste anwendbar sind. Es ist daher denkbar, daß das «Vom Tau des Himmels» auch einen Hinweis auf das Geburtsdatum Urbans VII. darstellt. Giambattista Castagna war an einem 4. August geboren. An dieses Datum knüpft sich eine beliebte Legende des christlichen Rom. In der Nacht vom 4. auf den 5. August erschien dem reichen Patrizier Johannes im Traum die Mutter des Herrn und befahl ihm, an derjenigen Stelle ihr zu Ehren eine Kirche zu erbauen, wo in der Nacht frischer Schnee gefallen sei. Papst Liberius hatte in derselben Nacht denselben Traum und als das Wunder tatsächlich geschehen war, ließ der Papst in den frischen Augustschnee den Grundriß der Basilika zeichnen und Johannes, der Patrizier, stellte die Mittel zum Bau der Kirche Santa Maria Maggiore zur Verfügung. Wir vermuten, daß die Devise «De rore coeli», vom Tau des Himmels, auf das Fest Maria Schnee und damit auf das Geburtsdatum des Papstes anspielt.

Der symbolische Gehalt des *«De rore coeli»* liegt jedoch noch tiefer: er versinnbildet das kurze, aber segensreiche Pontifikat dieses Papstes. Urban VII. starb bereits am 12. Tag nach seiner Wahl; er war noch nicht gekrönt, hatte noch keine einzige Ernennung vorgenommen. Jedoch diese wenigen Tage waren ausgefüllt mit Maßnahmen, die eine gute und weise Regierung erhoffen ließen. Er traf Anordnungen zugunsten der Armen, spendete großzügig aus eigenen Mitteln, beseitigte übertriebenen Aufwand am Hof, versprach Senkung der Steuern und erwies sich dem Nepotismus abhold. In wenigen Tagen hatte er sich die Zuneigung aller gewonnen. Sein gesamtes väterliches Vermögen in Höhe von 30000 Skudi vermachte er einer wohltätigen Bruderschaft.

Die Regierung dieses Papstes war wie Tau vom Himmel – angenehm, doch von kurzer Dauer. Das Vatizinium Urbans VII. scheint inspiriert zu sein von der alttestamentlichen Bitte: *«Rorate coeli desuper et nubes pluant iustum»* (Tauet, ihr Himmel, von oben, die Wolken mögen regnen den Gerechten. Is 45,8)

Ex antiquitate Urbis
= Aus dem Altertum der Stadt

Gregor XIV.
(Niccolò Sfondrati)
1590–1591

Das Vatizinium dieses Papstes, durch die Präposition ex eingeleitet, kündigt zunächst seine Herkunft an. Die Mutter des Papstes entstammte dem alten lombardischen Geschlecht der Visconti. Aber auch väterlicherseits war der Papst Abkömmling einer sehr alten, ursprünglich in Cremona ansässigen, später nach Mailand übersiedelten Familie. Hier hatten die Sfondrati hohe Ämter inne. Der Großvater des Papstes, der Vater des Papstes, aber auch dieser selbst, bevor er in den geistlichen Stand überwechselte, saßen im Senat der Stadt[49], waren also Mitglieder des Rats der Alten, wie man seit der römischen Antike diese beratende und leitende Körperschaft italienischer Kommunen ihrer ursprünglichen Wortbedeutung nach übersetzen muß.

Somit besitzt die Devise, in der man seit Ménestrier den Schlüssel zum Geheimnis der Weissagung entdeckt haben wollte, einen unmittelbaren Bezug auf Gregor XIV. Es ist daher nicht notwendig an Simoncelli, den Kardinal von Orvieto, zu denken, zu dessen Gunst die gesamte Weissagung nach dem Tod Urbans VII. verfaßt worden sein soll. Wir haben auf S. 13 die Gründe dargelegt, die gegen eine solche Annahme sprechen. Der Hinweis auf Orvieto (= Urbs vetus) wäre zudem eine reine Übersetzung des Ortsnamens. Solch aufdringliche Anspielungen sind dem älteren Teil der Papstweissagung jedoch fremd.

Urbs ist zudem in Wions Erstausgabe der Prophetie groß geschrieben. Wenn wir dies berücksichtigen, erkennen wir die übertragene Bedeutung des Vatiziniums, um die es der Voraussage in erster Linie gehen dürfte. Denn Urbs mit einer Majuskel an der Spitze bedeutet von jeher die Stadt Rom, die Urbs urbium.

Rom nahm unter Gregor XIV. den Kampf gegen Heinrich IV. von Navarra, den protestantischen König Frankreichs, mit verschärften Mitteln wieder auf. Dem Papst war kein Opfer zu groß, um den alten Glauben in Frankreich wider das Hugenottentum zu stützen. Er sandte seinen Neffen mit einer Streitmacht nach Frankreich. Er forderte die katholischen Royalisten auf, sich von ihrem König zu trennen. So wurden die katholisch Gesinnten unter den Anhängern Navarras zur Stellungnahme gezwungen. Eine neue Partei war in Frankreich im Entstehen. Sie verlangte vom König Rückkehr zur römischen Kirche; nur dann wollte sie ihm die Treue halten. Sie erklärte, auch die Kirche kenne eine Sukzession, nicht allein das Königtum; man dürfe die Religion sowenig wechseln wie die Dynastie[50]. Das *Ex antiquitate Urbis* klingt in einer solchen Argumentation deutlich an.

Gregor XIV. war ein tieffrommer, heiligmäßiger Mann, ein großer Förderer der katholischen Reform, ein entschiedener Feind der Glaubenserneuerung. Ihr gegenüber repräsentiert er jene geistige Macht, die sich auf apostolische Herkunft berufen kann. Gerade damals erhielt das Bewußtsein, im Besitz einer ungebrochenen Tradition zu leben, neuen Auftrieb durch die Entdeckung und wissenschaftliche Erforschung der Katakomben (Onofrio Panvinio, Antonio Bosio). Ebenso wie die Beschäftigung mit der Kirchengeschichte im allgemeinen (Baronius) stand sie im engsten Zusammenhang mit der katholischen Erneuerung. Nach dem Abklingen der Renaissance wurde Rom wieder erlebt als die Stätte der frühchristlichen Blutzeugen und der Apostelgräber.

Pia civitas in bello
= Frommes Staatswesen
im Kriege

Innozenz IX.
(Giovanni Antonio Facchinetti)
1591

Den Schlüssel zum Verständnis dieser Devise liefert uns die literarische Tätigkeit des Kardinals Facchinetti. Als ausgezeichneter Kenner des Plato und Aristoteles hinterließ er eine Reihe unveröffentlichter Schriften, die vor allem staatsphilosophische Themen behandeln: *«Adversus Machiavellem»*, *«Nonulla in libros politicorum Aristotelis»*, *«De recta gubernandi ratione»*, *«In Platonem de Politica»* – um nur einige Titel zu nennen. Der allein dem Grundsatz der Staatsraison verpflichteten Politik des Machiavelli setzt der zukünftige Papst das an höhere Normen gebundene Staatswesen, die *pia civitas*, entgegen. *In bello* bezeichnet die tatsächliche Situation der Kurie während der zweimonatigen Regierung des Papstes, der in die innerfranzösischen Auseinandersetzungen gegen Heinrich von Navarra eingriff.

Während seiner nur achtwöchigen Regierung versuchte Innozenz IX. in rastlosem Eifer das Idealbild einer *pia civitas* in seinen eigenen Staaten zu verwirklichen. In der knappen Zeit, die ihm vergönnt war, entfaltete er eine rege Tätigkeit: er hob die Lebensmittelversorgung, schritt gegen das Bandenwesen ein, verschärfte die Sittenpolizei, nahm die Regulierung des Tiber, die Sanierung des Borgo in Angriff, sorgte für die Reform des Klerus. Auf allen Gebieten bewies er gleich von Anbeginn erstaunliches Geschick, so daß die Untertanen das zu frühe Ende einer so vielversprechenden Regierung bedauerten.

Crux Romulea
= Römisches Kreuz

Klemens VIII.
(Ippolito Aldobrandini)
1592–1605

Man hat das Crux Romulea in Beziehung gesetzt zu dem kreuzähnlichen Zeichen, dem Gegenzinnenschrägbalken, im Wappen der Aldobrandini. Das im Mittelalter und der Renaissance oft dargestellte Doppelkreuz, die *crux gemina* oder *crux apostolica*, in den Händen des Papstes bedeutet das Herrschaftszeichen des von Christus gegründeten Gottesreiches auf dieser Erde[51]. Es eignet sich daher in besonderer Weise zur Symbolisierung eines Pontifikats, das so großartige Erfolge in der Gewinnung verlorener Positionen aufweisen konnte wie dieses.

Von den kirchenpolitischen Ereignissen unter der Regierung des Aldobrandinipapstes war keines verheißungsvoller als die Rückkehr Heinrichs von Navarra, des französischen Königs, zum Glauben seiner Väter. Wenn schon die beiden vorausgehenden Vatizinien auf die französischen Wirren anspielen, so ist es verständlich, daß ihre für Rom so günstige Beilegung ebenfalls in der Weissagung ihren Ausdruck fand. Die drohende Gefahr eines Abfalls Frankreichs war beseitigt und die Voraussetzung geschaffen für das Aufblühen der französischen Kirche. Welche Folgen der Übergang Frankreichs zum Kalvinismus gehabt hätte, übersteigt alle Vorstellungen. Die Krise war nun zu Gunsten Roms entschieden. Das «*Crux Romulea*», der römische Glaube, hatte gesiegt. Ebenso war er in Deutschland, den habsburgischen Ländern, Polen, der Schweiz und in den Missionen im Vordringen begriffen.

Unter dem Pontifikat dieses Papstes kam 1595 auch die Union von Brest-Litowsk zustande: die orthodoxen Ruthenen kehrten unter Wahrung ihrer eigenen Riten in die römische Kirche zurück. Kiew wurde ein Zentrum der katholischen Reform. Sein Einfluß strahlte selbst auf das benachbarte Rußland aus.

Undosus vir
= Der Wellenmann

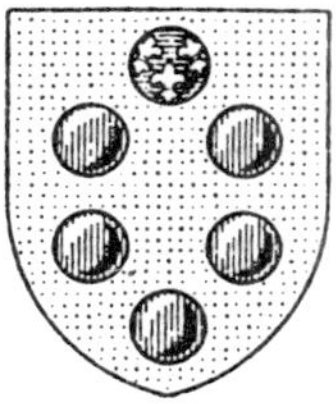

Leo XI.
(Alessandro Ottaviano de 'Medici)
1605

Leo XI. war am 1. April gewählt worden. Es war schon spät am Abend und daher wurde das Konklave erst am folgenden Morgen geöffnet und sein Ergebnis bekanntgegeben. Es war dies der 2. April, der Festtag des hl. Franz von Paula, von dem eine auch ins römische Brevier aufgenommene Legende zu berichten weiß, er habe in Ermanglung eines Schiffes auf seinem Mantel die Meerenge von Sizilien überquert. Der Heilige wird daher gelegentlich auch in der Kunst auf ausgebreitetem Mantel über den Wogen des Meeres stehend abgebildet. 1943 wurde er in Anlehnung an diese Legende zum Patron der italienischen Seeleute bestimmt[52].

Der *Undosus vir* ist daher zunächst Franz von Paula, der Heilige des Wahltermins, in weiterem Sinne aber der Papst selbst, dessen allzu kurzes, nur 27 Tage währendes Pontifikat durch das Bild symbolisiert werden sollte. Leo XI. wurde wie eine Woge gehoben, um sogleich wieder vom Tod verschlungen zu werden.

Gens perversa
= Verkehrtes Geschlecht

Paul V.
(Camillo Borghese)
1605–1621

Die Wahl Pauls V. fand am 16. Mai, dem Tag des hl. Ubald, statt. Diesem Bischof von Gubbio wurde starke Macht über die Dämonen zugeschrieben. Er gilt daher als Patron gegen die Besessenheit und wird in der Kunst dargestellt, wie er durch seinen Segen die Teufel zur Flucht zwingt. Diese sind wohl zunächst mit *«Gens perversa»* gemeint, durch sie ist jedoch der Tag der Erhebung Camillo Borgheses zum Nachfolger Petri angezeigt. Nach der Wahl bestellte der Papst seinen Schwestersohn Scipione Caffarelli zum Kardinalnepoten. Dabei verlieh er ihm Name und Wappen seiner eigenen Familie. Mag sein, daß *«Gens perversa»* auch auf diesen Vorgang anspielt.

Vorwiegend kennzeichnet das Vatizinium jedoch den Konflikt des Papstes mit der Republik Venedig. Diese Auseinandersetzung, in deren Verlauf es zu Interdikt und Ausweisung der Orden kam, hielt zeitweise ganz Europa in Atem. Venedig suchte seine Sache zur Angelegenheit aller Regierungen zu machen. Die Gefahr eines kirchlichen Schismas war nicht mehr auszuschließen und die Furcht nicht unbegründet, die Republik könne das Einfalltor für den Protestantismus auf der italienischen Halbinsel werden. Seppelt[53] meint, von allen Ereignissen dieses Pontifikats habe der Konflikt mit Venedig von jeher das Hauptinteresse auf sich gezogen.

Das Vatizinium «Gens perversa» trägt diesem Sachverhalt Rechnung.

In dieser Devise begegnet uns somit zum erstenmal einer jener Sinnsprüche, die nicht den jeweiligen Papst kennzeichnen, sondern seine Gegenspieler. Wir werden dieser Art noch öfter begegnen.

In tribulatione pacis
= In der Bedrängnis
des Friedens

Gregor XV.
(Alessandro Ludovisi)
1621–1623

Das Vatizinium dieses Papstes, der ein Vierteljahr nach der Schlacht am Weißen Berg gewählt wurde, hat zunächst einen passiven Sinn: *in tribulatione pacis = in bello*. Daneben ist seine aktive Bedeutung unschwer zu erkennen: der Papst handelt im Interesse des bedrängten Friedens.

Das Werk der Gegenreformation war in vollem Gange. Sein erfolgreicher Verlauf hing von der Eintracht der katholischen Mächte ab. Diese war wiederholt in Frage gestellt, am meisten in der Veltliner Angelegenheit. Es ging dabei um die zwischen Spanien und Frankreich strittige Herrschaft über die Pässe Graubündens. Es existiert in dieser Frage ein eigenhändiges Schreiben des Papstes an Philipp III. von Spanien. Mit nichts ließe sich treffender das *In tribulatione pacis* belegen als mit den beschwörenden Sätzen, die es enthält. Der Papst skizziert die Weltlage wie folgt: Deutschland sei von Kriegsgetümmel erfüllt, der niederländische Waffenstillstand dem Ablaufen nahe, Polen von Tartaren und Türken bedroht, die protestantischen Mächte des Nordens lauerten auf die Gelegenheit zu einem Angriff auf die Habsburger, Frankreich sei durch die Hugenotten in Unruhe versetzt und nunmehr auch der Friede Italiens durch die Veltliner Händel ernstlich in Frage gestellt. Er vertraue auf die friedlichen Absichten des Königs, bitte und ermahne ihn, dem Veltlin seine Unabhängigkeit zurückzugeben. Keine Angelegenheit, so fährt der Papst fort, berühre ihn zu Beginn seines Pontifikats mehr als diese, durch nichts könne ihn der König mehr verpflichten[54].

In der Kathedrale San Pietro zu Bologna, seiner ehemaligen Bischofskirche, findet sich zu Ehren dieses Papstes eine Inschrift, die ihn als *perpetuus pacis auctor suasor et propugnator* (beharrlichen Verfechter, Fürsprecher und Verteidiger des Friedens) verherrlicht.

Anläßlich der päpstlichen Intervention in der Veltlinger Frage wurde eine Medaille geprägt. Sie trägt die Legende: *Pacis et religionis amor*[55].

«Als Gregor XV. am 8. Juli 1623 seine müden Augen schloß, dauerte der durch die böhmische Revolution entzündete Kampf in Deutschland noch an, Frankreich und Spanien standen sich wegen der Veltliner Frage feindselig gegenüber, durch Streitigkeiten verschiedener Art waren auch die italienischen Kleinstaaten gespalten, im Osten Europas drohte die Türkengefahr» (Pastor).

Lilium et rosa
= Lilie und Rose

Urban VIII.
(Maffeo Barberini)
1623–1644

Was ihre Textgestalt, zwei durch Konjunktion verbundene Substantive, anbelangt, besitzt diese Devise eine Parallele in *Canis et coluber* (Hund und Schlange), dem Vatizinium Leos XII. (1823–1829). Beide Sinnsprüche gestatten auch eine analoge Interpretation.

Mit der Lilie ist auf Florenz, die Geburtsstadt des Papstes, angespielt, die bekanntlich diese Blume im Wappen führt. Die Rose dürfte ein Hinweis auf das Erzbistum Nazareth (= Barletta) sein, das Barberini seit 1604 innehatte. Das Diözesanwappen von Nazareth zeigt die Madonna[56]. Da die Rose seit alters ein Sinnbild Mariens ist[57], darf man hier eine Verschlüsselung vermuten.

Wie mit *Canis et coluber* das 19. Jahrhundert, so ist mit *Lilium et rosa* das Zeitalter Urbans VII. gekennzeichnet. Die erneuerte Kirche brachte eine große Zahl von Heiligen, Orden und Kongregationen hervor. Rose und Lilie[58] als Zeichen von Liebe und Unschuld sind ihre Symbole. Sie stehen im Gegensatz zu *canis und coluber*, den Sinnbildern des Lebensgenusses und der geheimen Bosheit. Geburtsort und Bischofssitz Barberinis sind demnach durch die Devise angekündigt, ebenso die religiöse Begeisterung des 17. Jahrhunderts.

Mit gutem Grund erkennen wir in ihr aber auch eine Voraussage politischer Vorgänge im Pontifikat Urbans VIII. So vielschichtig und beziehungsreich können die Vatizinien der Papstweissagung sein. Das *Lilium et rosa* ist wohl auch ein Hinweis auf die Verbindung zwischen Frankreich (den Lilien der Bourbonen) und England (der Rose der Tudor), wie sie durch die Heirat von Jakobs I. Sohn Karl mit der französischen Prinzessin Henriette Maria 1624 zustande kam. Als Nuntius in Frankreich war der Papst ihr Taufpate gewesen. Große Hoffnungen auf eine Erleichterung des Schicksals der englischen Katholiken knüpfte Rom an diese Ehe. Urban VIII. erteilte deshalb der Prinzessin Dispens für ihre Verbindung mit dem protestantischen Prinzen. Jedoch die Religionsfreiheit der englischen Katholiken, die im Ehekontrakt zugesichert worden war, wurde nicht verwirklicht, das Ziel der päpstlichen Politik somit nicht erreicht.

Der Barberinipapst besaß seit seiner Pariser Nuntiaturzeit eine starke Vorliebe für französisches Wesen. Man weiß, wie diese Einstellung sein politisches Urteil beeinflußte und seine Haltung zu Habsburg, der katholischen Schutzmacht, belastete. Die Lilie als Wahrzeichen des bourbonischen Frankreich erscheint daher zu Recht in seiner Devise.

Iucunditas crucis
= Freude des Kreuzes

Innozenz X.
(Giambattista Pamfili)
1644–1655

Es war der 14. September, das Fest Kreuzerhöhung, als sich das Konklave nach langem erfolglosen Bemühen um einen Nachfolger Urbans VIII. auf den Kardinal Giambattista Pamfili einigte. Der Wahlakt am folgenden Tag war nur noch Formsache. Die Devise Innozenz' X. enthält zweifellos eine Anspielung auf dieses Datum. Gleich zu Beginn seines Pontifikats ließ der Papst zwei Medaillen zur Verherrlichung des Kreuzes prägen[59].

Jedoch sollte sich noch in einem tieferen Sinn das *Iucunditas crucis* bewahrheiten. Das große theologische Ereignis dieses Pontifikats war die Verurteilung des Jansenismus. Mit äußerster Sorgfalt ließ der Papst die Schrift des Bischofs Jansenius von Ypern über die Theologie des hl. Augustinus prüfen. Eine eigene Kardinalskonkregation ward dazu bestellt. Innozenz X. ließ sich täglich ausführlich vom Fortschritt ihrer Untersuchung berichten. So tief war er von der Gefahr überzeugt, die der katholischen Lehre durch das pessimistische Menschenbild des Jansenismus drohe, daß er an den letzten Sitzungen der Kongregation persönlich teilnahm und stundenlang den Diskussionen folgte. Von allen Hochschulen Europas wurden Gutachten eingefordert, die besten Theologen um ihre Meinung befragt. Das Ergebnis war die Bulle *Cum occasione impressionis libri* vom 31. Mai 1653. Durch sie wurden fünf Sätze aus dem «Augustinus» des Jansenius als häretisch verworfen, unter ihnen ausdrücklich die These, Christus sei nicht für alle Menschen gestorben. Gegenüber diesem jansenitischen Kerngedanken von der Prädestination und der absoluten Verwerfung eines Teils der Menschheit verkündete Rom erneut die Frohbotschaft der allgemeinen Erlösung durch den Kreuzestod des Herrn.

Die Oratio der Messe vom 14. September beginnt: «*Deus, qui nos hodierna die Exaltationis sanctae Crucis annua solemnitate laetificas* . . .» (Gott, der du uns am heutigen Tage durch die Jahresfeier der Erhöhung des heiligen Kreuzes erfreust . . .).

Montium custos
= Wächter der Berge

Alexander VII.
(Fabio Chigi)
1655–1667

Das Vatizinium *Montium custos*, Wächter der Berge, fiel auf Alexander VII. Sein Wappen, das der Familie Chigi, zeigt in zwei Feldern sechs heraldisch stilisierte Berge und darüber einen Stern. Es ist dies das ursprüngliche Wappenbild dieses Geschlechts, als solches von ihm schon im 13. Jahrhundert geführt. Die Eiche in den beiden anderen Feldern stellt das sprechende Wappen des Hauses Rovere dar, wie es Julius II. (Giuliano della Rovere) dem Bankier seines Pontifikats Agostino Chigi aus Dankbarkeit verliehen hatte. Stern und Berge sind daher das ursprüngliche Wappen der Chigi. Den Seher haben diese Wappenfiguren zu dem Sinnspruch *«Montium custos»* inspiriert, um dadurch die großen Verdienste Alexanders VII. für Rom, die Siebenhügelstadt, im voraus zu würdigen. Unter den Päpsten gab es wenige, die sich um die Ewige Stadt so verdient gemacht haben wie Alexander VII. Er entwickelte ein Mäzenatentum großen Stils, förderte die römische Universität und verschönerte die Stadt durch herrliche Bauten; es sei nur an die Prachttreppe der Scala Regia und die Kolonnaden Berninis erinnert. Er traf Maßnahmen gegen die immer wiederkehrenden Überschwemmungen des Tiber und suchte in großzügiger Weise die Auswirkungen einer Hungersnot zu lindern. Als im Mai 1656 die Pest, die in Neapel entsetzlich gewütet hatte, auch in Rom eindrang, erwies sich Alexander VII. als Retter der Ewigen Stadt. Er eilte aus der Sommerresidenz Castel Gandolfo herbei, um persönlich die

Maßnahmen zum Schutz der Bevölkerung zu überwachen. Den von ihm angeordneten Vorkehrungen war es zu danken, daß die Katastrophe nicht jenes Ausmaß annahm wie in Neapel. Obwohl die Seuche auch auf seine nächste Umgebung übergriff, schonte der Papst seine Person nicht. Unerschrocken erteilte er Audienzen und zeigte sich in den Straßen. Die Römer wollten ihm als Zeichen der Dankbarkeit eine Statue auf dem Kapitol errichten, Alexander lehnte jedoch ab. Schließlich beschloß man die Inschrift: *«Alexandro VII P. M. cum statuam publice sibi decretatam ob remotam ab urbe pestilentiam honoris significatione contentus erigi vetuisset»*[60]. Der Chigi-Papst verdient somit zu Recht den Ehrentitel eines *Montium custos*[61].

Montium custos nemorumque virgo – Hüterin der Berge und Wälder – nennt Horaz (Carmina III, 22) die Göttin Diana. Der neulateinische Dichter Jakob Balde übernahm dieses Bild und übertrug es auf die Mutter Christi. *Montium praeses nemorumque Virgo*, so ruft er die Gnadenmutter von Kloster Ettal an[62]. Wir vermuten mit Thibaut[63], daß die Papstweissagung ebenfalls ihr *Montium custos* auf Maria bezieht und dies gerade im Hinblick auf das Pontifikat Alexanders VII., der durch die Bulle Sollicitudo vom 8. Dezember 1661 die Lehre von der Unbefleckten Empfängnis Mariens bestätigte, ihre Verehrung empfahl und die öffentliche Infragestellung dieses Glaubens unter Strafandrohung verbot. *Montium custos* ist daher auch Maria als Patronin der Kirche.

Sidus olorum
= Stern der Schwäne

Klemens IX.
(Giulio Rospigliosi)
1667–1669

Der Schwan ist als Vogel Apolls Symbol der Dichter. So wurde Pindar der Schwan von Theben, Virgil der Schwan von Mantua, Shakespeare der Schwan von Avon und Fénelon der Schwan von Cambrai genannt. Die Prophetie bezeichnet Klemens IX. als den «Stern der Schwäne» oder die «Zierde der Schwäne», weil dieser Papst selbst zur Zunft der Poeten zählte. Die Dichtungen Rospigliosis waren weit bekannt und sehr beliebt. Sie verschafften ihm das Wohlwollen Urbans VIII. und den Zutritt zu dessen Familie. Sie sind von Lope de Vega und Calderon beeinflußt. Besonders als Textdichter von Melodramen erlangte der spätere Papst Berühmtheit.

De flumine magno
= Von der großen Flut

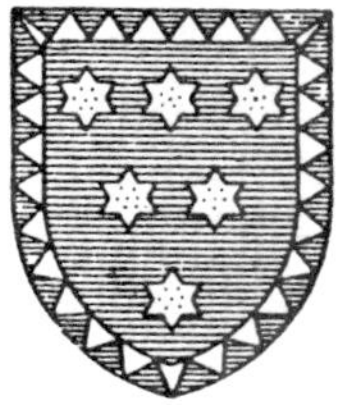

Klemens X.
(Emilio Altieri)
1670–1676

In diesem Vatizinium tritt uns erneut die Vorliebe des Barock für das Wortspiel in Erscheinung. Im Familiennamen Altieri hat der Verfasser offensichtlich eine Assonanz zu alti rii oder Singular alto rio = hoher Fluß entdeckt, die ihm aus folgenden Gründen zur Kennzeichnung dieses Pontifikats geeignet erschien:

Emilio Altieri bekleidete unter Urban VIII. verschiedene Ämter. Große Verdienste erwarb er sich als Statthalter der Marken. Nach einer ungewöhnlich starken Überschwemmung beauftragte ihn Urban VIII. Maßnahmen zur Sicherung Ravennas zu treffen. Altieri ließ gewaltige Schutzbauten aufführen, ein Werk, das ihn weithin berühmt machte. Die Weissagung nimmt darauf Bezug durch die Devise *De flumine magno,* von der großen Flut; denn *«flumen ... proprie est fluxio, decursus aquae, defluxus amnis, aqua decurrens ... speciatim flumen est amnis, fluvius ...»* (Forcellini, *Totius Latinitatis Lexicon* III, 1865, p. 108).

Die Vatizinien Klemens IX. und Klemens X. ergeben in Verbindung und anderer Übertragung einen neuen Sinn. «Flumen» wird im Lateinischen auch metaphorisch für die Milchstraße verwandt. Als «Schwanengestirn von der Milchstraße» beziehen sich beide Vatizinien dann auf Klemens X. Der Altieripapst führt in seinem Wappen sechs Sterne. Das Sternbild Schwan in der Milchstraße weist ebenfalls sechs Sterne. 2. und 3. Größe auf. Die Milchstraße bedeutet in der Mythologie der Völker den Weg der Götter (Ovid Met. I, 167–171), das Reich der Toten, die Lichtstraße, auf der die Seelen der Verstorbenen zu Gott ziehen[64]. Nach Auffassung der Prophetie kann der Pfad der Völker zu Gott nur die Kirche sein. Klemens X. leuchtet in ihr als glänzendes Gestirn. Die beiden Devisen zeigen erneut, wie tiefsinnig und beinahe unauslotbar die Vatizinien der Papstprophetie sind. Es ist mehr als wahrscheinlich, daß das Schwanengestirn, das als silbernes Kreuz am nächtlichen Himmel erglänzt und deshalb als Sinnbild des Kreuzes von Golgatha galt[65], auch die Erlösung symbolisiert. Die Vatizinien Klemens IX. und Klemens X. verkünden somit die Heiligung der Menschheit durch die Kirche Christi.

Die beiden Devisen sind so vorzüglich gewählt, daß sie uns Erstaunen und Bewunderung abnötigen. Man bedenke, wie sehr der Autor der Prophetie in der Wahl seiner Motive beengt war. Um so mehr überrascht es, wie es ihm gelang, zwei Bilder ausfindig zu machen, die zunächst jedes für sich ganz bestimmte einmalige Erscheinungen im Leben dieser Päpste repräsentieren (das dichterische Werk Rospigliosis und Altieris Verdienste um den Schutz Ravennas), im Verein aber sich auf das heraldische Zeichen des Letzteren beziehen und – damit noch nicht genug – obendrein einen tiefen symbolischen Sinn ergeben.

Während dieses Pontifikats erhielt die hl. Maria Margareta Alacoque in Paray-le-Monial ihre Offenbarungen über die Herz-Jesu-Verehrung. Die durch den neuen Kult vermittelten Gnaden werden oft symbolisiert durch die Ströme des Erbarmens, die aus dem von der Lanze des römischen Soldaten geöffneten Herzen des Erlösers hervorbrechen (so u. a. Präfation vom Hl. Herzen Jesu). Es wäre daher denkbar, daß in «De flumine magno» auch die Herz-Jesu-Verehrung ihren Ausdruck fand.

Bellua insatiabilis
= Unersättliche Bestie

Innozenz XI.
(Benedetto Odescalchi)
1676–1689

Dieses Bild wurde oft gedeutet als ein Hinweis auf die beiden Tiere im Odescalchi-Wappen. Darüber hinaus versinnbildet es die Bedrohung des Abendlandes durch die Türken unter dem Pontifikat dieses Papstes. Mit einer erdrückenden Streitmacht war der Großwesir Kara Mustafa im Sommer 1683 bis Wien vorgedrungen und hatte die Stadt eingeschlossen. Die Belagerten gerieten in höchste Bedrängnis. Die Sorge, daß nach dem Fall dieses Bollwerks das christliche Abendland vom Islam überrannt werde, beunruhigte den Papst zutiefst. An der Entsetzung Wiens, dem Sieg am Kahlenberg und der Befreiung Ungarns hatte er entscheidenden Anteil. «Unermüdlich war Innozenz XI. in seinen Bemühungen, die Eintracht der christlichen Herrscher um dieser großen Aufgabe willen herzustellen, unermüdlich in der Gewährung der Geldsummen, durch die Österreich überhaupt erst die Kriegführung ermöglicht wurde» (Pastor).

Als der Papst am 11. August 1683 ein allgemeines Jubiläum verkündete, um den göttlichen Beistand für die Befreiung Wiens von den Türken zu erflehen, verglich er in seinem Rundschreiben die türkische Streitmacht mit einer *«inexplebilis bellua»*, einem unersättlichen wilden Tier, das sich Hoffnung mache alle Provinzen der Christenheit verschlingen zu können *(Magnum Bullarium Romanum VII* (1741) f. 45). Innozenz XI. gebrauchte somit dasselbe Bild, das die Weissagung der Päpste für ihn bereithielt, um damit den Vormarsch des Halbmonds auf Europa zu kennen. So dürften auch wir kaum fehlgehen, wenn wir das Bild von der *Bellua insatiabilis* mit der osmanischen Macht gleichsetzen.

Aus dem Jahre 1686 existiert ein Bericht des kaiserlichen Gesandten am päpstlichen Hof Johann Friedrich Karg, in dem er im Hinblick auf Alter und Kränklichkeit Innozenz' XI. auch die Frage der Nachfolge dieses Papstes behandelt. Die Relation zeigt, daß bei diesen Überlegungen auch das für den nächsten Papst vorgesehene Vatizinium «*Poenitentia gloriosa*» der Malachiasprophetie zu Rate gezogen wurde[66].

Poenitentia gloriosa
= Ruhmvolle Reue

Alexander VIII.
(Pietro Ottoboni)
1689–1691

Die Wahl des Kardinals Pietro Ottoboni erfolgte am 6. Oktober, dem Fest des Gründers des Kartäuserordens, des hl. Bruno. Dieser Heilige wird auf die Erdkugel tretend dargestellt als Zeichen seiner Weltverachtung oder auch mit dem bekannten Attribut der Büßer und Einsiedler, dem Totenkopf. Man hat in der Devise einen Hinweis auf diesen Wahltermin erblicken wollen.

Das Vatizinium spielt auch auf die Sinnesänderung Alexanders VIII. in seinem Verhältnis zu Frankreich an. Zunächst war das Streben des Papstes darauf gerichter, das schwere Zerwürfnis, das seit längerem zwischen Frankreich und dem Hl. Stuhl bestand, beizulegen. Die Bedrängnis, in der sich Ludwig XIV. von Frankreich zeitweise befand, kam dieser Absicht entgegen. Avignon und Venaissin wurden von den Franzosen zurückgegeben und auf das umstrittene Asylrecht ihres Gesandten in Rom verzichtet. Alexander VIII. seinerseits berücksichtigte bei der Kardinalsernennung stark französische Interessen. Die Hilfsgelder an den Kaiser für den Türkenkrieg wurden aus Rücksicht auf Frankreich eingestellt. Zeitweise drohte es hierüber zwischen Wien und Rom zu einem förmlichen Bruch zu kommen. Gemessen an der großzügigen Hilfe seines Vorgängers mußte die Einstellung Alexanders VIII. den Kaiser verbittern. War das Verhältnis zu Wien dadurch stark belastet, so ließ sich andererseits ein endgültiger Ausgleich mit Paris nicht finden. In der Frage der vier gallikanischen Artikel, die eine Beschränkung der päpstlichen Rechte in der französischen Kirche beinhalteten und 1682 durch eine Versammlung des französischen Klerus verkündet worden waren, gelangte man zu keiner Verständigung. Der Papst griff nun wieder auf die schärferen Maßnahmen Innozenz' XI. zurück. Er lag bereits auf dem Sterbebett, als er die Konstitution *«inter multiplices»* veröffentlichen ließ, in der er die Deklaration des gallikanischen Klerus von 1682 und deren Bestätigung durch den König verwarf. Zuvor ließ er die Kardinäle, die mit dieser Angelegenheit befaßt waren, zu sich rufen. Er erklärte ihnen, er wisse wohl, daß man von seiner Regierung eine Fortsetzung der energischen Politik seines Vorgängers Frankreich gegenüber erwarten konnte; habe er doch selbst als engster Ratgeber Innozenz XI. in seiner Haltung bestärkt. Da sein Bemühen um eine gütliche Beilegung der Streitfragen gescheitert sei, gewähre er dem Heiligen Kollegium nunmehr die Genugtuung, die es von ihm erwarte. Das Breve tat seine Wirkung. «Man kann sagen, daß dem sterbenden Papst das Verdienst gebührt, den endlichen Sieg des Heiligen Stuhles in dieser Angelegenheit vorbereitet zu haben, und daß hierin die Bedeutung seiner kurzen Regierung beruht» (Pastor).

In der großen Enzyklopädie des 18. Jahrhunderts, dem von dem Verleger Johann Heinrich Zedler herausgegebenen Universal-Lexikon aller Wissenschaften und Künste heißt es unter dem Stichwort «Alexander VIII.»: «Zuletzt trug er über die Zeit seiner Regierung begangene Fehler große Reue und ließ den 4. Aug. 1690 eine Bulle verfertigen, die er aber . . . erst den 30. Jan. anno 1691, da er seinem Lebensende nicht mehr ferne zu seyn merckte, publicirte, darinnen er dasjenige verdammte, was in der Versammlung der Frantzösischen Geistlichkeit anno 1682 zum Nachtheil der Päpstlichen Autorität war beschlossen worden» (Bd. 1/1732 Sp. 1144).

Rastrum in porta
= Der Rechen im Tor

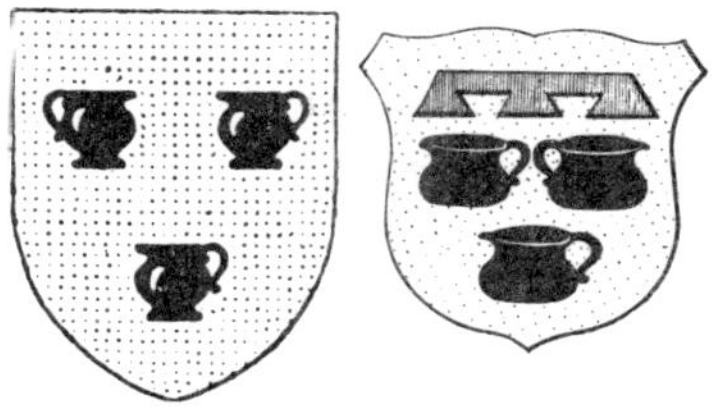

Innozenz XII.
(Antonio Pignatelli)
1691–1700

Der Verfasser der Malachiasprophetie hat, wenn irgendwie möglich, an äußere Erscheinungen und Daten im Leben der Päpste angeknüpft, ist aber dabei nicht stehengeblieben, vielmehr hat er solche Äußerlichkeiten nur dann verwandt, wenn sich mit ihrer Hilfe eine symbolische Charakterisierung des Pontifikats ermöglichen ließ. Dies zeigt auch das Vatizinium für Innozenz XII. «Der Rechen im Tor» ist eine Weissagung auf die bedeutendste Maßnahme dieses Pontifikats, die Verurteilung des Nepotismus. Sie war durch die Bulle «*Romanum decet Pontificem*» vom 22. Juni 1692 erfolgt. «*Rastrum in porta*» besagt, daß den Verwandten des Papstes in Zukunft der Apostolische Palast verschlossen bleibt. Wie kam der Seher zu diesem «*rastrum*«, einem nicht gerade alltäglichen Wort? Italienisch lautet es als Diminutiv aus dem Lateinischen *rastrello* oder *rastello* und bedeutet nicht nur Rechen, Gitter, Gatter, sondern in der italienischen Heraldik auch der Turnierkragen[67], ein rechenartiges Gebilde, wie es ein Zweig der Familie Pignatelli, aus der Innozenz XII. stammte, als Beizeichen in seinem drei Henkeltöpfe aufweisenden Wappen führte. Der Seher, der auch sonst aus seiner Vorliebe für die Heraldik kein Hehl macht – er war ja ein Kind des Barock – kannte offensichtlich die beiden Wappen der Pignatelli, auch das mit dem Turnierkragen als Beizeichen, und er hat sich der volkstümlichen Bezeichnung *rastrello* für dieses Beizeichen bedient, um das bemerkenswerteste Ereignis während der Regierung des Pignatellipapstes anzudeuten. Auch in der deutschen Heraldik wird der Turnierkragen u. a. als «Rechen» bezeichnet. Jene Linie der Familie Pignatelli, die ihn führte, wurde nach ihm zur Unterscheidung auch *Pignatelli del rastello genannt*[68].

Rastrum in porta, der Rechen im Tor, bedeutet ein Hindernis für den, der das Tor zu durchschreiten sucht. An Weihnachten 1699 wurde zu St. Peter in Rom die Hl. Pforte für das große Jubeljahr, mit dem das 18. Jahrhundert begann, geöffnet. Aber Innozenz XII., zu Tode erkrankt, konnte nicht an der Zeremonie teilnehmen. Am 21. September 1700 starb er. Die Schließung der Porta Sancta vollzog bereits sein Nachfolger.

Flores circumdati
= Von Blumen umgeben

Klemens XI.
(Giovanni Francesco Albani)
1700–1721

Am Morgen des 23. November wurde Giovanni Francesco Albani nach einem langen und bewegten Konklave einstimmig zum Papst gewählt. Die Entscheidung war schon vorher zu seinen Gunsten gefallen, allein der fromme Kardinal zögerte sie anzunehmen. Er ließ sich erst umstimmen, als vier namhafte Theologen, die er angerufen, erklärten, man müsse eine einstimmig erfolgte Wahl als Ausdruck des göttlichen Willens erkennen und dürfe sich ihr nicht entziehen. Es war am 22. November, dem Tag der hl. Cäcilia, als Albani seinen Widerstand aufgab. Diese Heilige wird erst seit dem 15. Jahrhundert mit der Handorgel als ihrem Attribut dargestellt, zuvor meist und gelegentlich auch noch später mit dem Engel, der ihr und von ihr Bekehrten einen Kranz von Blumen darreicht. Wir dürfen annehmen, daß die Weissagung dieses Motiv aus der Legende der hl. Cäcilia gewählt hat, um damit Klemens XI. anzukündigen, der am Festtag dieser Heiligen in seine Wahl zum Papst einwilligte.

Die Zeitgenossen bewunderten die tiefe Religiosität und die vorbildliche Lebensführung dieses Papstes. 1 Million Skudi betrugen die aus seinem Privatvermögen gespendeten Almosen, wie nach seinem Tod bekannt wurde. Der Prophet war im Recht, wenn er Klemens XI. durch die Devise *Flores circumdati* kennzeichnete *(virtutes ipsae flores dicuntur = Forcellini, Totius Latinitatis Lexicon,* Bd. 3, 1865, p. 105). Schon zu Lebzeiten des Papstes wurde das Vatizinium als eine passende Charakterisierung Klemens' XI. empfunden. Medaillen wurden zu Ehren des Papstes geprägt mit der Umschrift *Flores circumdati*[69]. Das Jesuitenkolleg in Neuß brachte seine Freude über die Wahl des neuen Papstes durch folgendes Chronostichon zum Ausdruck:

> FLorIbVs InCInCtVs CLeMens CapVt VrbIs et orbIs VIVat,
> et aetherIIs pasCat oVILe faVIs (= 1700)
>
> = Mit Blumen umgürtet lebe Clemens, das Haupt der Stadt und der Welt, und seine Herde möge er nähren mit himmlischem Honig.[70]

Man darf in der Devise auch eine Anspielung auf einen liturgiegeschichtlichen Vorgang dieses Pontifikats erblicken: es war Klemens XI., der durch ein Dekret der Ritenkongregation vom 3. Oktober 1716 das Rosenkranzfest in der gesamten Kirche einführen ließ.

Dem aufmerksamen Leser wird es vielleicht nicht entgangen sein, daß die Weissagung, obwohl sie ohne Zweifel auch die hohen Eigenschaften des Albanipapstes hervorheben will, nicht floribus circumdatus, sondern flores circumdati sagt, so daß – rein grammatikalisch betrachtet – nicht der Papst, sondern die Blumen als Subjekt des Sinnspruches erscheinen. Diese Textform stützt unsere These, daß mit flores circumdati = die im Kreis gelegten Blumen zunächst der Blumenkranz als Attribut der hl. Cäcilia geheimnisvoll angedeutet ist.

De bona religione
= Von der guten Religion

Innozenz XIII.
(Michelangelo Conti)
1721–1724

Innozenz XIII., ein Papst von großer persönlicher Frömmigkeit, stammte aus dem Hause Conti. Diese Familie hatte der Kirche eine Reihe von Päpsten gestellt, unter ihnen einen von solch säkularer Größe wie Innozenz III. Ihm zur Ehre gab der Neugewählte sich seinen Namen. Die Devise weist zunächst auf diese alte Verbindung der Familie des Papstes mit dem Stuhl Petri hin.

Innozenz XIII. war vor seiner Erhebung 11 Jahre Nuntius in Lissabon (lat. und it. Lisbona). Bei der Vorliebe der Prophetie für das Wortspiel ist nicht auszuschließen, daß das Vatizinium vordergründig hierauf Bezug nehmen will (vgl. aquila rapax für Pius VII. (S. 67), wo die Endsilbe pax des Vatiziniums im Papstwappen erscheint!)

Die Sorge um die bona religio spielt in diesem Pontifikat eine beträchtliche Rolle. Innozenz XIII. forderte von den Jesuiten Gehorsam gegen die im «Ritenstreit» ergangenen päpstlichen Dekrete. Diese waren zugunsten der Reinerhaltung der katholischen Lehre, in Sorge um die *bona religio* erlassen worden.

Besonders hat sich der Papst durch Einführung des Namen-Jesu-Festes für die gesamte Kirche um die Verherrlichung der wahren Religion verdient gemacht. Diesem Fest liegt kein einzelnes Ereignis des Lebens Jesu zugrunde, sondern vereinigt sie alle zu einem Ganzen[71]. Der Name, in dem nach Petrus (Apstlg. 4, 12) «allein Heil ist», repräsentiert die wahre Religion, die *bona religio.*

Will man wissen, aus welcher Quelle die bewunderungswürdigen Eigenschaften Klemens' XI. stammen, dann genügt es seine Devise mit der seines Nachfolgers zu verbinden und man erhält zur Antwort: *Flores circumdati de bona religione.* Den Kindern eines Jahrhunderts, das an autonome Vernunft und religionsfreie Ethik glaubt, ist damit gesagt, daß es Menschenwürde ohne Religion nicht geben kann.

Miles in bello
= Soldat im Kriege

Benedikt XIII.
(Pietro Francesco Orsini)
1724–1730

Vom 20. März bis 29. Mai dauerte das Konklave, aus dem Benedikt XIII. hervorging. Schon am 28. Mai hatten sich die Kardinäle auf ihn geeinigt. An diesem Tag begeht die Kirche das Fest des hl. Wilhelm von Aquitanien. Er war Feldherr Karls des Großen und hatte sich besonders in den Kämpfen gegen die Sarazenen hervorgetan. Seine Heldentaten wurden Stoff für Dichtung und Sage. In der Kunst wird er vielfach zur Erinnerung an seinen Soldatendienst mit Helm und Schuppenpanzer dargestellt.

Das Miles in bello dürfte somit zunächst ein Hinweis auf den Heiligen des Wahltermins sein, darüber hinaus jedoch den Papst selbst charakterisieren. Sein harter Lebensstil, seine vielbewunderte Einfachheit und Bedürfnislosigkeit sowie sein Sinn für unbedingte Pflichterfüllung legen ein solches Bild nahe. Schon in früher Jugend war er in den Orden des hl. Dominikus eingetreten. Der von den Kardinälen Erkorene ließ sich erst durch den förmlichen Befehl seines Ordensgenerals zur Annahme der Wahl bewegen. Feind jeder Verweichlichung bevorzugte er im Gegensatz zu seinen Vorgängern den Vatikan als Wohnsitz und ließ sich selbst während der unerträglichsten Sommerhitze nicht herbei in den gesünderen Quirinal überzusiedeln. Dieselbe Strenge der Lebensführung, die gleiche Abneigung gegen alle Bequemlichkeit, die man schon an dem Erzbischof von Benevent bewundert hatte, nahm man auch an dem Papste wahr. Gegen den Luxus mancher Kardinäle suchte er einzuschreiten und zahlreiche Verordnungen zur Reform des Welt- und Ordensklerus sind von ihm erlassen worden. Aufsehen und Besorgnis erregte es, wenn er in hohem Alter ohne Schonung seiner Kräfte geistliche Funktionen wahrnehm, Sakramente spendete, Beichte hörte, Kirchen und Altäre weihte, zu Fuß an den Prozessionen teilnahm.

Die Devise symbolisiert darüber hinaus die Stellung dieses Dominikanerpapstes in den Auseinandersetzungen seiner Zeit. In dem geistigen Krieg, der zwischen dem Felsen Petri und den offenbarungsfeindlichen Zeitströmungen des aufgeklärten Europa tobte, bewährte er sich als ein *miles in bello*, der unerschrocken und kompromißlos die kirchliche Stellung verteidigte. Gregor VII., der heilige Papst des Investiturstreits, war ihm Vorbild. Ihm zu Ehren führte er ein eigenes Offizium in das Missale und Brevier ein, was einen wahren Proteststurm an den aufgeklärten Höfen Europas auslöste. An vielen Orten wurden Zwangsmaßnahmen gegen diese Brevierlesung getroffen, aber Benedikt XIII. war nicht bereit nachzugeben.

Columna excelsa
= Die hohe (erhabene) Säule

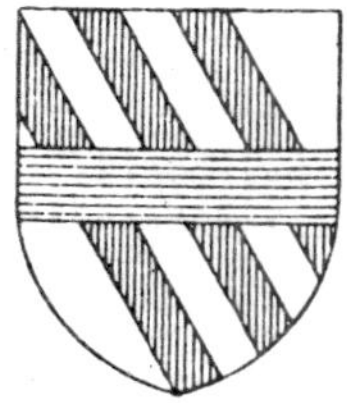

Klemens XII.
(Lorenzo Corsini)
1730–1740

In dem monatelangen schwierigen Konklave, das auf den Tod Benedikts XIII. folgte, war am 10. Juli die Entscheidung zugunsten des Kardinals Lorenzo Corsini gefallen. Schon am Vormittag des folgenden Tages erfolgte die erste Beglückwünschung durch das Heilige Kollegium. Die endgültige Wahl verschob man auf den 12. Juli, da auf diesen Tag das Fest des von Corsini sehr verehrten Giovanni Qualberto fiel. Am 10. Juli, dem Tag der eigentlichen Entscheidung nach mehr als viermonatlichem Ringen der Parteien wird das Fest des hl. Petrus aus Perugia begangen. Von ihm weiß die Legende zu berichten, daß er sich um den Wiederaufbau einer zerstörten Kirche zu Ehren des Apostelfürsten (heute S. Pietro in Perugia) verdient gemacht hat. Als eines Tages die Bauleute eine der Marmorsäulen heben wollten, rissen die Seile und die Säule drohte durch Aufschlag auf den Boden in Trümmer zu gehen. Der Heilige, der zugegen war und die Gefahr rechtzeitig erkannte, richtete kraft des von ihm erteilten Segens die Säule wieder auf[72]. Es dürfte also auch in diesem Vatizinium ein Hinweis auf den Wahltermin vorliegen.

Die Devise findet außerdem ihre Rechtfertigung in der Kunstliebe Klemens' XII. «Wenige Päpste haben mehr gebaut als er»[73]. Von seinem Mäzenatentum künden eine Reihe glanzvoller architektonischer Leistungen.

Der allegorische Sinn der Devise ist unschwer zu ergründen: der

Papst ist wie eine columna excelsa, weil er sich dem geistigen Zersetzungsprozeß seines Jahrhunderts unbeugsam entgegenstellt. Die Säule ist ein Sinnbild der Kraft, Stärke und Standhaftigkeit[74]. Unter Klemens XII. erfolgte die öffentliche Verurteilung der immer weiter um sich greifenden Freimaurerei. Die Konstitution «In eminenti apostulatus specula» vom 28. April 1738 verbietet die Mitgliedschaft in ihr unter Androhung der Exkommunikation. Inmitten einer Gesellschaftsordnung, die immer mehr in Verfall gerät, erweist sich das Papsttum entgegen den Untergangsprognosen seiner Feinde als unzerstörbare Säule.

In der Iconologia des Cesare Ripa, zum erstenmal 1593 zu Rom erschienen, stellt das konträre Bild, die umgestürzte Säule, ein Emblem für die Häresie dar.

Animal rurale
= Das ländliche Lebewesen,
das Landtier

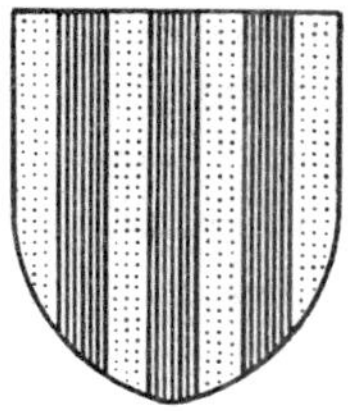

Benedikt XIV.
(Prospero Lambertini)
1740–1758

Die lateinische Kirche begeht am Tag der Wahl (17. August) dieses Papstes das Fest des hl. Mammas. Er gilt als Schutzpatron des Viehs und der Herden. Wir dürfen annehmen, daß dieser junge Hirte aus Kappadokien, der unter Kaiser Aurelian den Martertod erlitt, mit Animal rurale gemeint und somit auf das Tagesdatum der Erhebung des Lambertini-Papstes angespielt ist.

Animal rurale heißt aber im engeren Sinne Landtier und es wird wie in anderen Sinnsprüchen der Papstweissagung *(belua insatiabilis, ursus velox, aquila rapax, canis et coluber)* auch die dem Papsttum feindlichen Gewalten kennzeichnen. So hat schon Joseph Maitre[75] in der Devise ein Sinnbild für das Zeitalter der kirchen- und offenbarungsfeindlichen Aufklärung erkennen wollen. Es ist bemerkenswert, daß ausgerechnet bei den Päpsten Benedikt XIV. und Klemens XIV. (S. 66) auf die Aufklärung angespielt wird, die am ehesten geneigt waren, dem Zeitgeist Zugeständnisse einzuräumen. Das kirchenpolitische Programm Benedikts XIV. zielte darauf ab, durch nachgiebiges Entgegenkommen erträgliche Beziehungen zu den katholischen Mächten mit ihrem aufgeklärten Staatskirchentum herbeizuführen. Diesem Ziel zuliebe opferte er auch berechtigte kirchliche Interessen. Ein dauerhafter Friede ließ sich durch solche Zugeständnisse allerdings nicht erkaufen, dafür war der Gegensatz zu tief und von grundsätzlicher Natur. *Animal rurale* ist das Sinnbild für eine Zeit, deren gefeiertster Denker das *«écrasez l'infâme»* predigte.

Rosa Umbriae[76]
= Rose Umbriens

Klemens XIII.
(Carlo Rezzonico)
1758–1769

Der Kardinal Carlo Rezzonico war am Abend des 6. Juli zum Papst gewählt worden. Tags darauf beging die Kirche das Fest Benedikts XI. (Nikolaus Boccasini). Dieser 1736 seliggesprochene Papst hatte im Jahre 1304 den Sitz der Kurie aus dem unruhigen Rom in das umbrische Perugia verlegt und ist dort auch gestorben und begraben. Das Martyrologium Romanum rühmt von ihm, daß er während der kurzen Zeit seiner Amtsführung den Frieden in der Kirche, die Erneuerung der Disziplin und das Wachstum der Religion in bewundernswerter Weise gefördert habe. Mit *Rosa Umbriae* = Benedikt XI. will die Prophetie somit vordergründig auf den Zeitpunkt der Wahl Klemens' XIII. hinweisen, in weiterem Sinne aber das Pontifikat dieses Papstes als solches charakterisieren.

Zwischen den düsteren, Unheil verkündenden Devisen vom *Animal rurale* und *Ursus velox* blendet die Weissagung für einen Augenblick das lichtere Bild von der umbrischen Rose auf. Es symbolisiert Klemens' XIII. ganzes Wesen. «Aufrichtige Frömmigkeit, Sittenreinheit, werktätige Nächstenliebe, Demut und Sanftmut eigneten ihm in hohem Grade. In den Widerwärtigkeiten seines dornenvollen Pontifikats bekundete er eine Seelengröße und ein Gottvertrauen, die ans Heldenhafte grenzten» (Pastor). Diese Eigenschaften sind es, die die Weissagung durch das Bild der Rose ankündigen will. Denn die Rose ist in ihrer vollendeten Schönheit ein Sinnbild der Vollkommenheit. «*Apud scriptores ecclesiasticos rosa . . . variis comparationibus inservit, tamquam symbolum pudoris, honestatis, pulchritudinis itemque fidei ac felicitatis»* (Forcellini, *Totius Latinitatis Lexicon,* Bd. 5, 1871, p. 256).

Die Rose als Sinnbild der Liebe, Umbrien als Heimat des Franz von Assisi, des göttlichen Troubadours, sind sie nicht auch Decknamen für das Heiligste Herz Jesu, dessen Verehrung dieser Papst in der Kirche eingeführt hat? In der christlichen Ikonologie ist die Rose auch Symbol der Wundmale Christi. Das Herz-Jesu-Fest mit seinem ausgesprochenen Sühnecharakter in einer Zeit des um sich greifenden Unglaubens ist der stärkste Gegensatz zu den Bestrebungen der Aufklärung. Demgemäß wurde der Herz-Jesu-Kult gerade von ihren Vertretern stark bekämpft. Nach der Vertreibung der Jesuiten aus Spanien wurden alle Herz-Jesu-Bilder aus ihren Kirchen entfernt. Während der Französischen Revolution kam es mehrmals vor, daß die Verehrung eines Herz-Jesu-Bildes mit dem Tode bestraft wurde[77]. Mit «Rosa Umbriae» ist somit ein Papst charakterisiert, der einer im Rationalismus erstarrten Welt die Herzströme göttlicher Liebe wieder zugänglich machen möchte. Das Gottesbild der Aufklärung ist ja gekennzeichnet durch ideologische Blässe und Ferne. Gott wird empfunden als philosophische Idee, allenfalls als unbeteiligter Zuschauer, wie es der Deismus lehrte. Demgegenüber betont die Herz-Jesu-Botschaft den Gott der liebenden Nähe, des opferbereiten Heilswillens[78].

Ursus velox
= Schneller Bär

Klemens XIV.
(Lorenzo Ganganelli)
1769–1774

Klemens XIV. war am 19. Mai gewählt worden. An diesem Tag begeht die Kirche das Fest des hl. Einsiedlers Petrus von Morrone, der als Papst Cölestin V. hieß. In seiner an Wundertaten reichen Legende spielt auch die Zähmung eines Bären eine Rolle, eine Szene, die der Rubensschüler Ruthart in der Grabeskirche des Heiligen in S. Maria di Collemaggio bei Aquila darstellte[79].

Im Gegensatz zur Auffassung vieler Völker ist der Bär in der Symbolsprache der Bibel kein heiliges Wesen. Er gilt als gefährliches Raubtier, schreckenverbreitend, blutdürstig und grausam (1 Sam 17, 34; 2 Kg 2, 24; Spr 28, 15; Weish 11, 18; Sir 47, 3; Am 5, 19; Offb 13, 2). Im Buch Daniel Kapitel 7 symbolisiert er eine widergöttliche Weltordnung. Das Unwiderstehliche des geistigen und sozialen Umsturzes, der allenthalben um sich greift, findet in diesem Vatizinium seinen Ausdruck. Kein Zugeständnis, auch nicht die Vernichtung der Gesellschaft Jesu, zu der sich der Ganganelli-Papst herbeiläßt, kann dem *ursus velox* Einhalt gebieten. Seinem zermalmenden Lauf stellt sich kein Hindernis mehr in den Weg. *Miles in bello* und *Columna excelsa* wissen noch vom Widerstand gegen die Mächte der Auflösung. *Animal rurale* und *Ursus velox*, die Tiersymbole, entsprechen der Ohnmacht des Papsttums, die ihren Höhepunkt findet im Martyrium des *Peregrinus apostolicus* und der Verfolgung des *Aquila rapax*, wovon die beiden folgenden Vatizinien künden. Was der Kirche verbleibt ist Gebet und

Buße, also Verinnerlichung, angedeutet im Symbol der *Rosa Umbriae.*

Es wäre denkbar, daß Ursus velox auch als Sinnbild dient für den wachsenden Machteinfluß Rußlands, dessen Emblem der Bär ist. Das Pontifikat Klemens XIV. fiel in die Zeit der Herrschaft der Zarin Katharina II. Durch ihre Expansionspolitik wurde Rußlands Hegemonie begründet. Unter ihr gewann es die Nordküste des Schwarzen Meeres, die Halbinsel Krim, freie Durchfahrt durch die Dardanellen und Einfluß auf dem Balkan. In dieses Pontifikat fiel 1772 die 1. Teilung Polens, bei der sich Rußland den größten Teil aneignen und seine Grenzen weit nach Westen verlegen konnte. Es erhebt sich die Frage: hat der Seher hier eine Entwicklung wahrgenommen, die in einer fernen Zukunft für das Schicksal der Kirche von allergrößter Bedeutung wurde?

Peregrinus apostolicus
= Apostolischer Pilger (Fremdling)

Pius VI.
(Giovanni Angelo Braschi)
1775–1799

Die Prophetie des hl. Malachias war nahezu vergessen. Man war von ihrem apokryphen Charakter überzeugt. Das Zeitalter der Aufklärung war literarischen Erzeugnissen dieser Art ohnehin nicht gewogen. Da kamen Ende des Jahrhunderts die großen Erschütterungen über Europa, in die auch das Papsttum hineingezogen wurde. Pius VI. verließ 1782 Rom und reiste verständnissuchend nach Wien an den Kaiserhof – für die Welt eine Sensation, hatte doch seit Jahrhunderten kein Papst die Grenzen des Kirchenstaates mehr überschritten. Man erinnerte sich, daß für Pius VI. die Malachiasprophetie das Vatizinium *Peregrinus apostolicus* bereithielt. Man begann zu staunen ob eines solchen Zusammentreffens. Das Interesse an dem geheimnisvollen Schriftstück war plötzlich wieder erwacht. Eine Medaille, 1782 in Deutschland zu Ehren des hohen Gastes geschlagen, trägt die Legende: *Peregrinus apostolicus*[80]. Vincenzo Monti feierte die Reise in einem Gedicht, das den Titel trägt *«Il pellegrino apostolico»*.

Das Vatizinium sollte sich noch einmal unter der Regierung dieses Papstes realisieren. 1798 wurde Rom von den französischen Revolutionsgruppen besetzt, die Republik ausgerufen, der todkranke achtzigjährige Papst nach Valence verschleppt. Dort starb er wenige Wochen nach seiner Ankunft. *Peregrinus apostolicus* – das ist der in der Fremde fern von Rom sterbende Hirte der Kirche. Denn *peregrinus* heißt nicht nur der Pilger, sondern im klassischen Sprachgebrauch zunächst der Fremdling, der sich im Ausland aufhält. «*Peregrinus dicitur quicumque extra patriam et provinciam suam versatur*» (Forcellini, *Totius Latinitatis Lexicon,* Bd. 4, 1868, p. 585).

Mehrere der vorangehenden Sinnsprüche interpretierten wir als Hinweise auf Aufklärung und Rationalismus. Unter dem Einfluß einer liberalen Geschichtsschreibung sind wir kaum noch imstande den kirchenfeindlichen Charakter des 18. Jahrhunderts in vollem Umfang zu ermessen. Mit der Beseitigung einiger abergläubischer Vorstellungen gaben sich die konsequenten Vertreter der Aufklärung nicht zufrieden. Ihr Endziel war, auch die letzten Spuren einer christlichen Vergangenheit Europas auszurotten. Um die Entwicklung in ihrer ganzen Folgerichtigkeit zu erkennen, muß man ihren Höhepunkt, die Schreckensherrschaft in Frankreich in Betracht ziehen. 1792 wurde dort die christliche Zeitrechnung abgeschafft und durch den republikanischen Kalender ersetzt. Er sollte den Beginn einer glücklichen Ära der Menschheit kennzeichnen, aber auch den Sonntag als «Tag des Herrn» beseitigen. Die Ausübung der katholischen Religion wurde verboten und durch den Kult der «Vernunft» ersetzt. Seine Einführung geschah am 10. November 1792 in einer offiziellen Zeremonie in Notre Dame zu Paris, während der eine Schauspielerin inthronisiert und als Göttin der Vernunft verehrt wurde. Nachdem die «Vernunft» die Herrschaft angetreten hatte, ging man dazu über in der Hauptstadt und der Provinz die letzten Reste des «Fanatismus» auszurotten. Kirchen wurden entweiht, rauschende Bankette in ihnen gefeiert, Reliquien und Kultgegenstände geraubt und zerstört, alle religiösen Symbole beseitigt. Blasphemische Umzüge und Maskeraden waren an der Tagesordnung. Priester, die sich nicht bereit fanden, ihrem Glauben abzuschwören, wurden in ihren Verstecken aufgestöbert und der Guillotine übergeben. Es ist nicht verwunderlich, daß in einer Prophetie, die das Papsttum zum Gegenstand hat, ein Ausbruch der Kirchenfeindlichkeit solchen Ausmaßes seinen Niederschlag fand.

Aquila rapax
= Räuberischer Adler

Pius VII.
(Barnaba Luigi Chiaramonti)
1800–1823

Das aus der Heraldik des Benediktinerordens übernommene Wort «Pax» des päpstlichen Wappens wiederholt sich in der Endsilbe des Sinnspruchs von Aquila rapax. Lautlicher Gleichklang zwischen Sinnspruch und Familien- oder Bistumsnamen ist uns schon mehrmals begegnet. Hier ist nun auch das Wappen miteinbezogen.

Die Prophetie bezeichnet mit dem Bild vom aquila rapax Napoleon, den Bedränger des Papstes. Auch hier trifft das Vatizinium das Wesentliche dieses Pontifikats. Denn das Verhältnis dieses seelenstarken Papstes zu seinem übermächtigen Bedrücker war es, was in der Erinnerung der Nachwelt erhalten blieb. Leopold von Ranke hat es in seiner Geschichte der Päpste mit folgenden Worten charakterisiert: «Sonderbarer Kampf zwischen dem, der die Welt meisterte wie nie ein anderer und einem armen Gefangenen. Der eine im Genusse allen Glanzes und aller Gewalt, die die Erde zu geben vermag, voll Verschlagenheit, Kühnheit, Scharfsinn und Entschlossenheit. Der andere abgeschnitten von jedermann, völlig vereinsamt. Und doch war allein sein Dasein eine Macht»[81]. Aquila rapax, das ist das von Napoleon selbstgewählte Symbol seiner Größe. Als man ihm einen ruhenden Löwen als Siegelbild vorschlug, durchstrich er die Zeichnung und schrieb an den Rand, ein Adler mit ausgespannten Flügeln müsse es sein[82]. Der Aquila rapax bemächtigte sich nicht nur des Kirchenstaats, sondern hielt am Ende ganz Europa in seinen Fängen.

Die Devise erinnert an die Klage des Jeremias: «Velociores fuerunt persecutores nostri aquilis caeli (Unsere Verfolger waren schneller als die Adler des Himmels.» Klgl 4,19).

Canis et coluber
= Hund und Schlange

Leo XII.
(Annibale della Genga)
1823–1829

Das Vatizinium wurde bereits im Zusammenhang mit der Devise Urbans VIII. *Lilium et rosa* (S. 40) berührt, mit der es aufs engste verwandt ist. Leo XII. war Bischof von Sinigaglia. Dieses Bistum führt im Wappen zwei Hunde[83]. Die Devise dürfte somit den Inhaber dieses Sitzes ankündigen, so wie die Rose im Vatizinium Urbans VIII. auf das Erzbistum Nazareth hinweist. Leo XII. war auch Titularerzbischof von Tyrus. Diese antike Handelsstadt ist mit ihrem Überfluß an materiellen Gütern und ihrer Skrupellosigkeit in der Verfolgung merkantiler Interessen in der Bibel – ähnlich Babylon – Sinnbild der widergöttlichen Mächte[84]. Verschlagenheit und Lasterhaftigkeit dieses Staatswesens, durch Israels Propheten gebrandmarkt (vgl. Joel 4,4–8; Amos 1,9–10; Iesaias 23; Ezechiel 26ff.), kommen im Bild von der Schlange zum Ausdruck. Auch in der Gründungssage von Tyrus begegnet uns das Symbol der Schlange. Die Stadt entsteht an Stelle eines von der Schlange umwundenen Ölbaums[85].

Das Vatizinium verleiht – wiederum analog dem Urbans VIII. – auch der Zeit, in die das Pontifikat fällt, seine Signatur. Es sagt den Materialismus als den herrschenden Geist des technischen Zeitalters voraus. Folge des immer weiter um sich greifenden religiösen Indifferentismus sind Genußsucht und Verführungskunst, in denen das moderne Tyrus eine noch nie dagewesene Fähigkeit entwickelt. Sie sind mit den beiden Tiersymbolen gekennzeichnet. Joseph Maitre[86] weist darauf hin, wie Hund und Schlange in der Sprache der Bibel vorwiegend in abfälliger Weise gebraucht werden. Die feierliche Verurteilung der Geheimgesellschaften der Freimaurer und der Carbonari, die der geoffenbarten Religion den Kampf angesagt hatten, war eine der bedeutendsten Maßnahmen Leos XII. Gerade im Bild von der Schlange kommt das geheim Lauernde und Schadenstiftende dieser Organisationen zum Ausdruck. Ihre Verbreitung nahm damals ein beängstigendes Ausmaß an.

Verbirgt sich in dem Symbol der Schlange, Zeichen des ärztlichen Berufes, auch ein Hinweis auf den Wahltermin? Leo XII. war nach einem 26tägigen Konklave am 28. September 1823 gewählt worden. Tagszuvor feierte die Kirche das Fest der heiligen Ärzte Kosmas und Damian. An diesem Tag waren die Fronten im Konklave zugunsten des Kardinals della Genga in Bewegung geraten.

Vir religiosus
= Religiöser Mann

Pius VIII.
(Francesco Saverio Castiglioni)
1829–1830

Da Pius VIII. nicht länger als 20 Monate regierte und während dieser Zeit stets kränklich war, konnte sein Pontifikat keine tieferen Spuren hinterlassen. Der Prophet war nicht in der Lage auf bedeutende Ereignisse hinzuweisen. Um so mehr sah er sich veranlaßt, die tiefe und allgemein bewunderte Frömmigkeit dieses Papstes hervorzuheben[87]. Die Devise mag auch eine Anspielung auf seinen Namen sein, Pius = *vir religiosus.* In dem einzigen von ihm erlassenen Rundschreiben werden die Ursachen für die Auflösung der sozialen Ordnung im Schwinden religiöser Bindungen gesehen.

De balneis Etruriae
= Von den Bädern Etruriens

Gregor XVI.
(Bartolomeo Cappellari)
1831–1846

Immer wieder wurde gegen die Glaubwürdigkeit der Papstweissagung geltend gemacht, ihre Vatizinien seien zu allgemein gehalten, was sie über einen bestimmten Papst voraussage, gelte ebenso von jedem beliebigen anderen. Bereits der bisherige Teil unserer Betrachtung ist geeignet diese Behauptung zu entkräften. Selbst eine sehr flüchtige Beschäftigung mit der Prophetie zwingt zu dem Eingeständnis, daß einige ihrer Vatizinien – etwa *Peregrinus apostolicus* für den nach Wien reisenden und im Ausland sterbenden Pius VI. – durch den Verlauf der Papstgeschichte bestätigt sind. Die Kritiker können dies für sie ungünstige Resultat nicht aus der Welt schaffen. Sie kalkulieren deshalb gerne mit dem Zufall. Aber, so wird man sich fragen müssen, gibt es solche Zufallstreffer bei einer «dynastischen» Weissagung? Die Reihe der Päpste seit dem Ende des 16. Jahrhunderts ist lang, die einzelnen Pontifikate von sehr unterschiedlicher Dauer.

Eines der überzeugendsten Beispiele für die Echtheit der Weissagung ist ihr Sinnspruch *De balneis Etruriae* für Gregor XVI. Er wurde immer wieder mit großer Befriedigung zitiert in der Überzeugung, durch ihn habe sich die ganze «Weissagung» als Schwindel entlarvt. Man glaubte, das Vatizinium könne nur den Geburtsort des Papstes bezeichnen. Gregor XVI. stammte jedoch aus Belluno, das zum venetianischen Festland gehörte und nicht in der Toskana, dem alten Etrurien, liegt. Aber was berechtigt zu der Annahme, das

Vatizinium könne nur den Geburtsort des Papstes bezeichnen? Wie die einleitende Präposition zeigt, bezieht es sich zweifellos auf seine Herkunft. Es ist jedoch der Kamaldulenserorden, aus dem dieser Papst kam und dessen Generalprokurator er vor seiner Erhebung war, der mit dem Bild von den Bädern Etruriens gekennzeichnet ist. Der Orden war um 1012 vom hl. Romuald zu Camaldoli in der Toskana, dem alten Etrurien, in einem von sieben Quellen bewässerten Hochtal des Apennin gegründet worden. Schon die Römer hatten in der Gegend zahlreiche Bäder. Ganz nahe liegt *Bagno di Romagna*, das römisch *balneum* hieß. Die klösterliche Niederlassung trug wegen ihres heilbringenden Wassers zunächst den Namen *Fonte Buono*, erst später wurde sie Camaldoli (campus Maldoli, nach anderer Deutung *campus amabilis*) genannt. Als der Staat 1866 das Kloster aufhob, wurde dort eine Wasserheilanstalt eingerichtet. Die etwa 3 km über dem aufgehobenen Konvent liegende Einsiedelei ist heute noch innerhalb des Kamaldulenserordens Sitz der Eremitenkongregation von Etrurien[88].

Die Weissagung De balneis Etruriae will somit besagen, daß der Papst, dem dieses Vatizinium zugehört, aus dem Orden von Camaldoli kommt. Es ist Gregor XVI., der einzige Papst, der vor seiner Wahl diesem Orden angehörte. Darf man hier noch von Zufall sprechen? Im übrigen war es ausgerechnet dieser Papst, der die Vatikanischen Sammlungen durch ein Etruskisches Museum bereicherte. Man möge es niemandem verübeln, wenn er angesichts einer solchen Voraussage an Inspiration und nicht an Zufall glauben will.

Man muß die Devise auch im Zusammenhang mit der vorausgehenden sehen. Beide zusammengelesen ergeben: Vir religiosus (= der Ordensmann) de balneis Etruriae. Man weiß, wie dieser Papst auch nach seiner Erhebung nichts anderes sein wollte als der schlichte Kamaldulensermönch. «Ich will als Frater, nicht als Souverän sterben» äußerte er zu denen, die ihn an die Werke seines Pontifikats erinnerten[89]. Nach der Vernichtung des monastischen Lebens durch Revolution und Säkularisation hat besonders dieser Kamaldulenserpapst das Ordensleben in der Kirche stark gefördert und neu belebt.

Crux de cruce
= Kreuz vom Kreuze

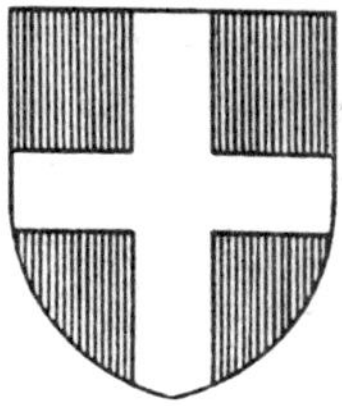

Pius IX.
(Giovanni Maria Mastai-Ferretti)
1846–1878

Wappen des Hauses Savoyen

Das Pontifikat Pius' IX. wird im voraus als Crux de cruce, Kreuz vom Kreuze, beklagt. Das Haus Savoyen, das 1870 die Herrschaft in Rom antritt und den Papst als den rechtmäßigen Herrscher zu seinem Untertanen degradiert, trägt seit alters das Zeichen der Erlösung im Wappen. Das Leid, das dem Papsttum von Savoyen verursacht wird, ist es,was der Seher andeuten will.

Lumen in coelo
= Licht am Himmel

Leo XIII.
(Vincenzo Gioacchino Pecci)
1878–1903

Das *Lumen in coelo* für Leo XIII. findet sich im Wappen des Papstes, das ein goldenes Gestirn auf blauem Hintergrund zeigt. Aber auch hier sind diese heraldischen Zeichen nur Bausteine für einen Sinnspruch, der das Pontifikat dieses Papstes mit seinem belehrenden und richtungweisenden Charakter kennzeichnet. Es ist ja das erste, das in großem Umfang diesen Zug aufweist und Stellung nimmt zu den großen Themen des Jahrhunderts, um der unsicher gewordenen Gesellschaft wie ein *«Lumen in coelo»* den Weg zu weisen aus dem Labyrinth der Zeit.

Durch Dekret des Königs von Italien vom 22. 9. 1927 erhielt die Familie des Papstes, die Grafen von Pecci, das Vatizinium *«Lumen in coelo»* als Motto zu ihrem Wappen verliehen[90].

Ignis ardens
= Brennendes Feuer

Pius X.
(Giuseppe Sarto)
1903–1914

Es war am 2. August 1903, während des Konklaves, zwei Tage vor der Erhebung Pius' X., als die Kirche in der Festliturgie des hl. Alfons von Liguori im Kommunionlied der Messe in den Jubel ausbrach: «*Sacerdos magnus, qui in vita sua suffulsit domum et in diebus suis corroboravit templum, quasi ignis effulgens et thus ardens in igne*» (Es ist der Hohepriester, der das Haus Gottes während seines Lebens stützte und in seiner Zeit den Tempel festigte; wie strahlend Feuer war er und wie Weihrauch, den die Glut verzehrt. Sir 50, 1, 9). War es eine Ankündigung des Papstes, der zwei Tage später aus dem Konklave hervorging[91]?

Am Tag der Wahl selbst, dem 4. August, beging die Kirche das Fest des hl. Dominikus. Das Attribut dieses Heiligen stellt dem legendären Traum seiner Mutter entsprechend einen Hund dar, der im Maul eine brennende Fackel trägt – *ignis ardens.*

Zugegeben, für sich allein bedeuten solche überraschende Zusammenhänge nicht viel, entscheidend ist die Häufigkeit, mit der sie auftreten; diese wird sich jedoch kaum noch bestreiten lassen.

Aber wie immer handelt es sich auch bei dem Vatizinium Pius' X. um eine Charakterisierung seines Pontifikats selbst. Feuer reinigt und läutert, was es berührt. Insofern gilt es als Symbol der Erneuerung. Und in der Tat, mit welchem Sinnbild ließe sich ein Papst, der die Kirche vom Modernismus, diesem «Sammelbecken aller Häresien» befreien wollte und Eucharistie und Liturgie als Quellen religiösen Lebens neu erschloß, treffender charakterisieren?

Man muß Ansgar Pöllmann beipflichten, wenn er sagt: «Die Prophetie der drei Päpste *Crux de cruce* (Pius IX.), *Lumen in coelo* (Leo XIII.) und *Ignis ardens* (Pius X.) sind die denkbar kürzesten Formeln und die treffendsten Schlagwörter, auf die sich diese Pontifikate zurückführen lassen»[92].

Im Jahr vor seinem Tod hat Pius X. einem Vertrauten eröffnet, er bedaure seinen Nachfolger, denn unter dessen Pontifikat werde die alte Weissagung von der *Religio depopulata,* der entvölkerten Religion in Erfüllung gehen. Der Papst kam damit auf jenen Sinnspruch zu sprechen, den die Malachianische Weissagung für seinen Nachfolger bereit hielt. Es war Benedikt XV., der Papst des 1. Weltkriegs.

Religio depopulata
= Entvölkerte Religion

Benedikt XV.
(Giacomo della Chiesa)
1914–1922

Benedikts XV. Regierung war überschattet vom Inferno des 1. Weltkriegs. Man hat daher mit Recht in der Devise eine Vorhersage des vierjährigen Völkermordens erblickt. Das Pontifikat dieses Papstes war erfüllt von einem erfolglosen Ringen um den Frieden der Menschheit und getragen von dem Bemühen, die grauenvollen Wunden des Krieges zu lindern.

Vielschichtig wie die Vatizinien der Papstprophetie oft sind, dürfte die Devise auch eine Voraussage des modernen Massenabfalls von der Kirche sein.

Vordergründig betrachtet ist religio ein Hinweis auf den Namen *(della Chiesa)* und das sprechende Wappen (eine Kirche) des Papstes.

Fides intrepida
= Unerschrockener Glaube

Pius XI.
(Achille Ratti)
1922–1939

Es war der 6. Feburar, der Tag des hl. Titus, Bischofs und Bekenners, als Achille Ratti zum Nachfolger Petri erkoren wurde. Titus, der Mitarbeiter des Völkerapostels, wird in der Kirche auch als Patron gegen das Freidenkertum verehrt.

Das Pontifikat Pius' XI. fällt in diejenigen Jahrzehnte unseres Jahrhunderts, die gekennzeichnet sind durch das Auftreten des staatlichen Totalitarismus. Es entstehen politische Systeme, die alle Bereiche des menschlichen Daseins in Anspruch nehmen, um sie für ihre materialistischen Ziele zu mißbrauchen. In ihnen verbleibt kein Platz mehr für das Eigenleben der Kirche und die Freiheit ihrer Verkündigung. Der Zusammenstoß von Staat und Kirche ist daher unausbleiblich. Ein neues Bekenner- und Martyrertum wird von den Gläubigen gefordert. Der Papst als Führer der verfolgten Herde gab die Losung aus, die man mit den Worten *Fides intrepida* umschreiben könnte. Er verkündete in den neuen Heiligen John Fisher und Thomas Morus die zeitgemäßen Vorbilder. Er trat in großen Rundschreiben der neuheidnischen Rassenlehre, dem atheistischen Weltkommunismus und der Religionsverfolgung entgegen. Er mobilisierte in der Katholischen Aktion die Laienkräfte zum Einsatz für das Königreich Christi. Dieser Organisation, die Pius XI. so sehr am Herzen lag, daß man ihn geradezu den «Papst der Katholischen Aktion» bezeichnete, hätte man das Motto *Fides intrepida* mit auf den Weg geben können[93].

Pastor angelicus
= Engelgleicher Hirte

Pius XII.
(Eugenio Pacelli)
1939–1958

Dieses Vatizinium besitzt ein sehr hohes Alter[94]. Die mittelalterliche Idealvorstellung vom Nachfolger Petri fand in ihm programmatischen Ausdruck. Es war die sehnsuchtsvolle Erwartung vieler Generationen, daß er eines Tages kommen werde, der makellose Hohepriester, ein Engel in Menschengestalt, dem Gott die Leitung seiner Kirche anvertraut. Unter allen Vatizinien der Papstprophetie gibt es daher kein zweites, das so sehr den Charakter der Auszeichnung besitzt wie dieses. Es wurde einem Papste zuteil, der zu den glänzendsten Erscheinungen auf dem Stuhl Petri zählt[95]. Ihrer mittelalterlichen politischen Erwartungen entkleidet war die Devise eine würdige Charakterisierung des Pacellipapstes. Sie entsprach der adeligen Erscheinung und dem vornehmen Wesen dieses priesterlichen Menschen. Von aller Welt wurde dies so empfunden; der häufige Gebrauch des *Pastor angelicus,* seine Verwendung in Biographien, Zeitungen, im Film, ja in Verlautbarungen kirchlicher Stellen beweist es[96]. In den Stürmen der Zeit, da die falschen Führer ihre Völker zur Schlachtbank zerrten, war Pius XII. – «ein Mensch wie ein Lichtstrahl» (Reinhold Schneider) – der gute Hirte im Sinne des Evangeliums[97]. «*Angelo bianco*», den weißen Engel, nannten ihn die Römer aus dem Viertel von San Lorenzo, als er nach der Bombardierung vom 19. Juli 1943 zwischen Toten, Verwundeten, Schutt und Trümmern in ihrer Mitte erschien.

Rudolf Graber hat versucht zu zeigen, «wie Pius XII. all das in seiner Person und in seinem Pontifikat verwirklichte, was seit beinahe acht Jahrhunderten an menschlichem Hoffen und Sehnen im Engelpapst seinen Ausdruck fand»[98].

Gottfried Hasenkamp hat dem Papst mit den Worten gehuldigt:

> «Der Seher, der geschaut die Hirten alle
> Bis an das Ende dieser schweren Stunde,
> Hat, hängend an der Wahrheit Sternenmunde,
> Den Engelgleichen Dich genannt.»

Alle pseudowissenschaftlichen Versuche, das Andenken dieses großen Papstes herabzusetzen, dürfen bei unvoreingenommener Prüfung als gescheitert gelten. Das positive Bild, das Pius XII. der Nachwelt hinterließ, findet sich auch bestätigt in den nunmehr veröffentlichten Gedichten, Aufsätzen und Predigten aus seiner Jugendzeit und den Anfängen seines Priestertums[99].

Daß auch für die Devise Pastor angelicus vielleicht ein genealogischer Ansatzpunkt gegeben war, soll nicht unerwähnt bleiben: die Pacelli führen den Adelstitel von S. Angelo in Vado[100].

Auf den Pastor angelicus folgen in der Malachiasprophetie noch sechs Päpste. Nach mittelalterlicher Vorstellung leitet das Erscheinen des Engelpapstes die Endzeit ein.

Pastor et nauta
= Hirt und Seemann

Johannes XXIII.
(Angelo Giuseppe Roncalli)
1958–1963

Die Devise Johannes' XXIII. läßt eine analoge Auslegung zu wie die Urbans VIII. *Lilium et rosa* und die Leos XII. *Canis et coluber,* mit denen allein sie formverwandt ist. Diese beziehen sich, wie wir sahen, u. a. auf Lebensstationen (Geburtsort und Bistümer) der betreffenden Päpste. Es ist anzunehmen, daß dies auch bei *Pastor et nauta* der Fall ist. Nun erscheint außer in der Devise Johannes' XXIII. das Wort *nauta* in der gesamten Weissagung nur noch ein einziges Mal, nämlich im apokryphen Teil der Weissagung als *Nauta de ponte nigro* für Gregor XII. (Angelo Corrario) und der beigegebene Kommentar erläutert: *Venetus, commendatarius ecclesiae Nigropontis.* Nauta steht also hier bildlich für die Lagunenstadt und wir dürfen vermuten, daß es in der Devise Johannes' XXIII. ebenfalls ein Hinweis auf Venedig ist, dessen Patriarch der Papst vor seiner Erhebung war.

Mit dem ersten Glied des Vatiziniums wollte der Seher zweifellos auf den pastoralen Charakter dieses Pontifikats hinweisen, mit nauta aber nicht nur auf Venedig, das ehemalige Bistum des Roncallipapstes anspielen, sondern auch jenes Geschehen innerhalb der Kirche versinnbilden, das nunmehr seit den Tagen Johannes' XXIII. ihr Leben kennzeichnet.

«*Nauta*» bedeutet das Lichten der Anker, das Auslaufen aus sicheren Häfen, das Sichaussetzen den Gefahren des Meeres. Es verbindet sich mit dem Bild vom Schifflein Petri im Zeitensturm. Es erinnert aber auch an jene letzte Fahrt des Paulus, von der uns die Apostelgeschichte (Kap. 27) zu berichten weiß, von der Seenot, in die das Schiff mit Paulus und den Seinen geriet, von der Mahnung des Völkerapostels, als alle Hoffnung zu schwinden schien, niemand solle das Schiff verlassen, keine Menschenseele werde verloren gehen. Da man annehmen darf, daß es dem Berichterstatter um Heilsgeschichte und nicht lediglich um die Wiedergabe einer prekären nautischen Situation zu tun ist, hat Karl Thieme[101] in der Erzählung eine Prophetie erkennen wollen, die typologisch auf unsere Gegenwart oder nahe Zukunft hinweist.

Pastor und nauta sind in gewissem Sinne gegensätzlichen Charakters: das Bild vom Hirten beschwört die Vorstellung eines idyllischen friedlichen Daseins, es symbolisiert, wie wir aus den Wandgemälden und Mosaiken des frühen Christentums wissen, auch den paradiesischen Zustand. Demgegenüber verbindet sich mit dem Beruf des Seemanns die Vorstellung von den unberechenbaren Gewalten, denen sein Schiff auf hoher See ausgesetzt ist. Dieses Pontifikat sollte erklärtermaßen ein pastorales sein, in ihm wurde jedoch das Schiff der Kirche in Gewässer getrieben, die ihm fast zum Verhängnis wurden. Seither spricht man von einer Kirchenkrise. Pastor et nauta symbolisiert – wie wir meinen – in unüberbietbarer Kürze den ambivalenten Charakter dieses für die Zukunft der Kirche so entscheidenden Pontifikats.

Flos florum
= Blume der Blumen

Paul VI.
(Giovanni Battista Montini)
1963–1978

Paul VI. wurde gewählt am 21. Juni, dem Tag des hl. Aloysius von Gonzaga, dessen Attribut die Lilie ist. Das Vatizinium dürfte auch ein Hinweis sein auf die Lilien des Papstwappens.

Flos florum stellt eine grammatikalische Konstruktion dar, die man als hebräischen Superlativ bezeichnet. Er wird im Schrifttum des alten Israel nur für Dinge gebraucht, denen ein besonders hoher sakraler Rang zukommt. So geht diese sprachliche Eigentümlichkeit dann auch in die christliche Literatur über: Canticum canticorum ist das Hohe Lied des Alten Testamentes, saecula saeculorum die Ewigkeit. Der Messias wird «Herr der Herren» oder «König der Könige» genannt, «Solemnitas solemnitatum», das Fest der Feste steht für Ostern wie Maria die Jungfrau der Jungfrauen oder die Bibel das Buch der Bücher genannt werden. Solch einen hebräischen Superlativ weist auch Flos florum auf. Bei kirchlichen Schriftstellern wird er metaphorisch für Maria gebraucht, so beim hl. Bonaventura, der hl. Birgitta, dem hl. Albertus Magnus und anderen.

Wir werden sehen, daß nicht nur Flos florum ein Symbol Mariens darstellt, sondern auch die folgenden Sinnsprüche einschließlich Gloria olivae neben ihrem konkreten Bezug marianischen Charakter besitzen. Künden diese Vatizinien ein marianisches Zeitalter an, dem nach alter theologischer Tradition endzeitlicher Charakter zukommt?

De medietate lunae
= Von der Hälfte des Mondes

Johannes Paul I.
(Albino Luciani)
1978

Johannes Pauls I. Familienname lautete Luciani. Sein Geburtsort war Forno di Canale im Bistum Belluno. In Belluno hat sich ein erheblicher Teil seines Lebens abgespielt. Hier begann der zukünftige Papst seine theologischen Studien und war später selbst Lehrer am dortigen Seminar und Mitarbeiter in der Diözesanverwaltung.

Es ist wahrscheinlich, daß sich der Verfasser der Prophetie wie schon öfters so auch hier eines Wortspiels bediente, da sowohl in Luciani wie in Belluno das halbe Wort Luna (lat. und it. der Mond) enthalten ist. Solche klanglichen Übereinstimmungen, die für sich allein noch keinen Tiefsinn aufweisen müssen, sind der Malachiasprophetie und gewiß auch der Zeit ihrer Entstehung nicht fremd. Sie stellen eine Seite des homo ludens dar und dürfen nicht unter dem Gesichtspunkt der Zweckdienlichkeit beurteilt werden. Wir sahen solche Anklänge u. a. auch in der Devise De rore coeli = vom Tau des Himmels für Urban VII. (1590) und schon der in der Erstausgabe von 1595 beigefügte Kommentar besagt, daß dieser Papst ehedem Erzbischof von Rossano in Kalabrien war. Für den Seher, der nach einem geeigneten Sinnspruch für dieses nur 11 Tage währende Pontifikat suchte, ergab sich aus dem Städtenamen Rossano eine klangliche Verbindung zu dem lateinischen Wort ros, Gen. roris = der Tau, das ihm als ein passendes Sinnbild erschien für dieses kurze und dennoch segensreiche Pontifikat.

Der Aufbau der Sinnsprüche aus ähnlichen Wortspielen ist schon den 71 ersten Vatizinien, die uns in mancher Hinsicht den Schlüssel zur Interpretation der 40 folgenden geben, keineswegs unbekannt. So etwa wird der Gegenpapst Nikolaus V. (1328–1330) als Corvus schismaticus (schismatischer Rabe) gekennzeichnet, weil er aus Corvaro in den Abruzzen stammte. Bonus comes (der gute Graf) ist der Sinnspruch für Hadrian V. (1276), der den Vornamen Ottobuono trug. Picus inter escas (der Specht zwischen den Speisen) steht für Nikolaus IV. (1288–1292), da er aus Ascoli in der Landschaft Picenum stammte. In der Devise Ex undarum benedictione (aus dem Segen der Wellen) für Bonifaz VIII. (1294–1303) wird auf des Papstes Taufname Benedetto angespielt. Das De fide Petri (vom Glauben des Petrus) Pauls IV. (1555–1559) ergibt sicher für diesen Papst der Gegenreformation auch einen tieferen Sinn, aber vordergründig ist das Bild, wie es ja auch der beigefügte Kommentar besagt, entstanden aus Pietro Carafa, dem Tauf- und Familiennamen des Papstes, wobei wir in Carafa einen Anklang an italienisch cara fede = teurer Glaube erkennen. Den 71 ersten Vatizinien kommt kein prophetischer Charakter zu, da sie erst nach dem Vorliegen der eigentlichen Weissagung verfaßt und den prophetischen Vatizinien vorangestellt wurden, um durch den Eindruck ihrer fraglosen Erfüllung das Interesse an der Weissagung zu wecken. Sie besitzen aber darüber hinaus auch den Zweck, die Interpretation der 40 echten Vatizinien zu erleichtern (vgl. Pastor et nauta für Johannes XXIII. S. 85).

Die lautliche Verbindung von Luna zu Luciani oder Belluno ist jedoch sicherlich nicht das Bedeutsamste an dem Vatizinium De medietate lunae. Der tiefere Sinn liegt in der Symbolik des Bildes. In der Nacht des 25. August, nachdem die Kardinäle in das Konklave eingezogen waren, um einen Nachfolger Pauls VI. zu wählen, stand über Rom der abnehmende Halbmond. Bereits am folgenden Tag fiel die Entscheidung zugunsten des Patriarchen von Venedig Albino Luciani. Was bedeutet nun der Mond in der Sprache der Symbolik?[102] Er ist zunächst ein Zeichen der biologischen Rhythmen: er wächst, nimmt ab und verschwindet, so wie alles Leben den Gesetzen der Geburt, des Wachstums und des Todes unterworfen ist. Die letzte Phase des Gestirns, der abnehmende Mond, wie er in der Nacht vom 25. zum 26. August 1978 am Himmel zu sehen war, symbolisiert das Sterben, den Todesweg. Die antike Mondgöttin war zugleich Göttin der Toten und der Gräber. Mit «De medietate lunae» mag die Prophetie den Wahltermin, aber auch den Todescharakter dieses allzu kurzen Pontifikats gekennzeichnet haben. In seine nur 33 Tage fiel als aufsehenerregendes Ereignis auch der Tod des russisch-orthodoxen Erzbischofs Nikodim, Metropolit von Leningrad und Nowgorod, der während einer Privataudienz im Beisein des Papstes hinscheidet. Während dieser 33 Tage fand am 16. September eine totale Mondfinsternis statt. Man möge uns nicht mißverstehen! Es handelt sich hier nicht um Astrologie, sondern um die Deutung des Mondsymbols, in dem schon im 2. Jahrhundert der Kirchenschriftsteller Theophilos von Antiochien das Bild des Menschen in Geburt, Wachstum, Abnehmen, Sterben und Auferstehung erblickte im Gegensatz zur Sonne, die ihm Sinnbild des unveränderlichen Gottes war.

Was ist an dem Pontifikat Johannes Pauls I. das besonders Charakteristische? Doch zweifellos seine Kürze von nur 33 Tagen. Man muß die Reihe der Päpste bis ins Ende des 16. Jahrhunderts zurückverfolgen, um auf einen Parallelfall zu stoßen. Und genau das ist es, was der Seher durch das «De medietate lunae» zum Ausdruck bringen wollte.

De labore solis
= Von der Bedrängnis der Sonne

Johannes Paul II.
(Karol Wojtyla)
1978–

Labor solis ist in der lateinischen Literatur auch in der Bedeutung von «Sonnenfinsternis» belegt. Nun fand am 18. Mai 1920, dem Geburtstag Johannes Pauls II., eine Sonnenfinsternis statt, die in Australien, Teilen des Indischen Ozeans und südlich des afrikanischen Kontinents sichtbar war[103]. Das astronomische Ereignis lieferte dem Verfasser unserer Prophetie die Möglichkeit zur Gestaltung eines Sinnspruches, der das Pontifikat dieses Papstes kennzeichnen sollte. Es liegt hier eine Parallele zu De rore coeli (vom Tau des Himmels), dem Vatizinium für Urban VII. (vgl. S. 27) vor, das sich u. a. auf das Fest Maria Schnee, das Geburtsdatum des Papstes beziehen dürfte.

Seit viereinhalb Jahrhunderten ist dieser Papst der erste Nichtitaliener auf dem Stuhl Petri und in der gesamten Geschichte des Papsttums bisher der einzige Slawe und erste Pole. Diese Tatsache wird für immer bemerkenswert bleiben und die Prophetie hat ihr durch das Vatizinium «De labore solis» Ausdruck verliehen. Die Präposition deutet an, daß wenigstens vordergründig auch etwas über die Herkunft des Papstes ausgesagt ist. Bei der Interpretation des Spruches wird alles auf die Deutung von sol = Sonne ankommen. Die Weissagung selbst kommt uns dabei zu Hilfe. Denn sie verwendet das Wort noch einmal und zwar in dem Vatizinium für den Gegenpapst Alexander V. (1409–1410), den sie als Flagellum solis (Geißel der Sonne) bezeichnet. Es waren auch hier äußere

Gegebenheiten, die den Autor zu dieser Devise veranlaßten: dieser Papst führte die Sonne im Wappen und er war Erzbischof von Mailand, dessen Patron, der hl. Ambrosius, u. a. mit der Geißel als Attribut dargestellt wird. Aber durch Verbindung von Geißel und Sonne ist ein Sinnspruch gelungen, der das Pontifikat als solches kennzeichnet: Alexander V. ist als Gegenpapst eine Heimsuchung, eine Geißel der Kirche. Die Sonne als Quelle von Licht, Wärme und Leben vertritt somit hier sinnbildlich die Kirche. Es ist nicht anzunehmen, daß sol, wenn es nochmals in der Weissagung auftritt, etwas anderes beinhalten wird. Dies dürfte vor allem dann nicht der Fall sein, wenn die Gleichsetzung Sonne = Kirche auf den aus Polen stammenden Papst anwendbar ist. Und man wird dies uneingeschränkt bejahen müssen. Johannes Paul II. kommt aus Polen, einem Land des Ostblocks, wo die Kirche in der Bedrängnis lebt.

Wir wagen jedoch zu behaupten, daß das «De labore solis» auch das Pontifikat Johannes Pauls II. als solches kennzeichnet. Es ist kein freundliches Bild und dürfte eine Zeit großer Bedrängnis für die Kirche ankündigen.

In Vergils Aeneis (I, 742) tritt bei dem Gastmahl, das Dido, die Königin von Karthago, dem Aeneas und seiner Begleitung ausrichtet, der Sänger Jopas auf. Von ihm heißt es: «hic canit errantem lunam solisque labores» («er singt vom wechselnden Mond und von der Mühsal der Sonne»). Labor solis ist, wie schon erwähnt, auch in der Bedeutung von Sonnenfinsternis belegt. Da sie der Erde Licht und Wärme entzieht und das gesamte Leben beeinträchtigt, galt eine Sonnenfinsternis als ein Unheil verkündendes Ereignis. Die Bilder sind bei Vergil Zeichen für das drohende Verhängnis, die Flucht des Aeneas und den dadurch ausgelösten Selbstmord der Königin. Sie sind somit Unglück verheißende Allegorien. Kündigen sie in der Malachiasprophetie eine unter den Pontifikaten Johannes Pauls I. und Johannes Pauls II. hereinbrechende Katastrophe an? Das Attentat auf Johannes Paul II. könnte der Anfang gewesen sein.

DIE NACHFOLGER

Dem Nachfolger Johannes Paul II. hat die Prophetie den Sinnspruch Gloria olivae (Ruhm des Ölbaums) zugedacht. Wie flos florum eine marianische Devise ist, so auch wieder dieses vorletzte Vatizinium der Weissagung. Mag es einen konkreten Bezug haben wie auch immer, es wird sich zweifellos auch auf die Gottesmutter beziehen. Der Ölbaum bei den Griechen der Athene, Göttin der Weisheit heilig, in Antike und Christentum ein Symbol des Friedens und der Versöhnung, wird in der kirchlichen Literatur auch als Sinnbild Mariens verwendet. Aber auch die dazwischenliegenden Sinnsprüche werden vermutlich eine marianische Bedeutung miteinschließen: Halbmond und Sonne, sind sie nicht auch Kennzeichen der apokalyptischen Frau, die sole amicta, luna sub pedibus, mit der Sonne bekleidet, den Mond zu ihren Füßen in der Geheimen Offenbarung (Kap. 12) erscheint?

Nach dem Vatizinium Gloria olivae folgt als abschließender Satz der Weissagung:

«In persecutione extrema S. R. Ecclesiae sedebit Petrus Romanus, qui pascet oves in multis tribulationibus, quibus transactis civitas septicollis diruetur et judex tremendus judicabit populum suum» = während der letzten (bzw. äußerst großen) Verfolgung der heiligen römischen Kirche wird Petrus, ein Römer, regieren. Er wird die Schafe unter vielen Bedrängnissen weiden. Dann wird die Siebenhügelstadt zerstört werden und der furchtbare Richter wird sein Volk richten.

John Henry Newman zitiert diesen Schlußsatz der Malachiasprophetie in seinem Traktat über den Antichrist von 1838 und findet ihn in Übereinstimmung mit den Anschauungen des frühen Christentums[104].

Über die Auslegung der noch ausstehenden Vatizinien möchten wir uns in keine Spekulationen einlassen und an das bereits zitierte Wort Pascals erinnern, wonach eine zuverlässige Interpretation prophetischer Aussagen erst dann möglich wird, wenn das durch sie angekündigte Ereignis eingetroffen ist. Dadurch unterscheidet sich ja Prophetie, die eine heilsgeschichtliche Perspektive bietet, von Wahrsagerei, die lediglich menschliche Neugierde zu befriedigen trachtet. Die biblische Weissagung zeigt diese charakteristische Eigenart in klassischer Weise. Sie gibt nur in großen Zügen die Richtung in eine unerhellte Zukunft an und ihre Details dienen lediglich der Legitimation des Angekündigten im Augenblick seines Eintretens («dies geschah, damit das Wort des Propheten erfüllt werde ...»).

Die Malachiasprophetie schließt mit dem Pontifikat des letzten Papstes der Weltgeschichte, des Petrus Romanus (bedeutet die spezielle Ortsangabe, daß nach einer Reihe von Nichtrömern wieder ein Papst aus der Ewigen Stadt die Cathedra Petri besteigen wird?). Nach Aussage der Prophetie findet mit diesem Pontifikat die menschliche Geschichte jenes Ende, das der biblische Glaube und das Credo der Kirche («et iterum venturus est») lehrt. Es läßt sich aus dem Text jedoch nicht mit Sicherheit schließen, daß auf den Papst, der mit «Gloria olivae» gekennzeichnet ist, «Petrus Romanus» unmittelbar folgt. Die Voraussagen, die sich mit dem letzten Pontifikat beschäftigen, unterscheiden sich formal so stark von den Vatizinien der übrigen Päpste, daß sie auch isoliert und in keinem Zusammenhang mit diesen gedacht werden könnten. Damit ist auch hier die Aussage des Evangeliums «Ihr wißt weder Tag noch Stunde» (Matth. 24,36; Mk 13,32), d. h. das Datum der Parusie des Herrn, gewahrt. Andererseits fordert das Evangelium aber auch, die Zeichen der Endzeit zu beachten (Mk 13,28) und es gibt ja bekanntlich bedeutende Vertreter des heutigen Geisteslebens, die es nicht für unwahrscheinlich halten, daß die Menschheit in die letzte Phase ihrer Geschichte eintrat, seitdem ihre Selbstausrottung in den Bereich des Möglichen gerückt ist[105].

Die Diskussion dieser Frage wird von den Vertretern eines weltangepaßten Christentums gerne mit der Begründung abgetan, aus der Frage spreche ein Pessimismus, der sich mit der christlichen Hoffnung und Zuversicht nicht vereinbaren lasse. Wer so argumentiert, verwechselt christliche Hoffnung mit innerweltlicher Fortschrittsgläubigkeit. Christliche Hoffnung ist jenseitsbezogen und weiß um den endgültigen Zusammenbruch alles Irdischen. «Fructus mundi ruina» sagt Gregor d. Große, der Kirchenvater.

PHILIPP NERI ALS URHEBER DER MALACHIASPROPHETIE

Die fälschlich dem hl. Malachias zugeschriebene Weissagung muß von einem Menschen stammen, der dem Charismatischen in außergewöhnlichem Maße zugänglich war. Sieht man sich in der zweiten Hälfte des 16. Jahrhunderts, der Entstehungszeit unserer Prophetie, nach einer solchen Persönlichkeit um, dann stößt man unschwer auf Philipp Neri[106], den großen Heiligen der katholischen Erneuerung. Er ragt auch unter seinesgleichen durch einzigartige charismatische Gaben hervor. Mystische Zustände, aufsehenerregende Heilungen, Weissagungen und Voraussagen mannigfacher Art sind von ihm glaubwürdig bezeugt. Solche außergewöhnlichen Phänomene sind ihm zur zweiten Natur geworden; wo er ging und stand, war er ihnen ausgesetzt, allenthalben überfielen sie ihn, ohne daß er es wollte und trotz des inneren Widerstandes, den er leistete. Um Pfingsten des Jahres 1544, als er sich zu Rom in den Sebastianskatakomben dem Gebet hingibt, fühlt er sich so stark wie noch nie von Gottes Liebe überwältigt. Er glaubt zu sehen, wie eine feurige Kugel aus der Höhe auf ihn zukommt und von seinem Innersten Besitz ergreift. Nach der Entrückung bemerkt er, wie sich über seinem Herzen die Brustwand gehoben, die Rippen erweitert hatten. Seither ist jeder religiöse Gedanke, jede Erhebung seiner Seele zu Gott mit einem Herzschlag verbunden, dessen abnorme Stärke von den Umstehenden wahrgenommen wird. Diese Erscheinung wurde von zahllosen Zeitgenossen bemerkt und bestätigt. Auch das Ergebnis einer Obduktion nach dem Tode des Heiligen bekräftigt ihre Glaubwürdigkeit. Nach diesem wunderbaren Pfingsterlebnis hat man den Eindruck, der Geist Gottes habe von ihm Besitz ergriffen. Er hinterläßt den Anschein einer übernatürlichen Besessenheit, wie seine beiden Biographen Ponnelle und Bordet[107] es auszudrücken versuchen. Ja er selbst schreibt die rätselvollen Zustände, die er durchlebt, der Gegenwart der dritten Person der Gottheit zu. Giovanni Antonio Luccio, einem seiner vertrautesten Schüler, gestand er eines Tages: «*Puto quia spiritum Dei habeo*[108]». Die Schwerkraft schien für ihn zeitweise aufgehoben. Augenzeugen berichten, wie sie ihn beim Gebet und während der Messe am Altar über dem Erdboden schweben sahen. Wenn er von Gott spricht oder priesterliche Funktionen ausübt, bebt mitunter sein ganzer Körper, Zimmer und Gebäude, in denen er sich aufhält, treten in diese Bewegung mit ein, so daß das ganze Haus zu zittern beginnt. Die Messe feiert er nie ohne Entrückung. Sie währt oft stundenlang. Um Aufsehen zu vermeiden, gestattet ihm der Papst im Zimmer das eucharistische Opfer darzubringen. Nach dem Agnus Dei löschen die Meßdiener die Kerzen aus, ziehen die Vorhänge vor, und alle Anwesenden verlassen den Raum. Nur eine kleine Lampe verbreitet einen schwachen Schein. Nach zwei Stunden und darüber kehren die Meßdiener zurück. Sie finden sein Gesicht bleich und verstört, mehr einem Sterbenden als einem Lebenden ähnlich, das Auge starr und abwesend in eine andere Welt gerichtet. Das ergreifende Bildnis des Heiligen, das der Pinsel eines Pomarancio uns hinterließ und das heute in der Quadreria dei Gerolamini in Neapel hängt, läßt deutlich die Nachwehen solcher Erschütterungen erkennen. Wir lassen außer acht Philipp Neris Krankenheilungen und seine Fähigkeit, den Seelen der Menschen auf den Grund zu blicken. In unserem Zusammenhang interessiert vor allem, daß er das Ergebnis fast aller Konklaven seiner Zeit voraussah. Hören wir Antonio Gallonio, seinen ältesten Biographen: «*Illud de beato Patre hic mirabile adjiciam, . . . quod Romana Sede Pastore orbata, semper ferme, nunc dormiens, nunc vigilans, nomen illius, qui in Summum Pontificem eligendus erat, maxima voce pronuntiari audiebat: quam rem paucis admodum viris aperire consueverat*[109]» (Folgendes Erstaunliche möchte ich über den seligen Vater hinzufügen: fast immer, wenn der päpstliche Stuhl seines Hirten verwaist war, hörte er, bald im Schlafe, bald in wachem Zustand den Namen dessen, der zum Papst erwählt werde, mit ganz lauter Stimme; er hatte die Gewohnheit diese Tatsache nur ganz wenigen Menschen anzuvertrauen). Ein anderer Biograph, Girolamo Branabei, weiß zu berichten: «*Philippus futurorum Pon-*

tificum electiones ferme omnes divinitus praevidebat[110]». (Philipp sah fast alle Wahlen der zukünftigen Päpste durch göttliche Eingebung voraus). Und er zeigt eindrucksvoll an einer Reihe von Beispielen, wie der Heilige seinen Vertrauten den Namen des Kardinals offenbarte, der als Papst das Konklave verlassen wird. Gelegentlich sagte er auch Tag und Stunde voraus, wann dies geschehen und den Namen, den der Neugewählte sich zulegen wird. Auch im Kanonisationsprozeß kamen diese Begebenheiten zur Sprache[111]. Nie sucht er selbst die geschilderten Zustände herbeizuführen, sie überfallen ihn oft zu einer Zeit oder bei einer Gelegenheit, die ihm nicht genehm ist. Auch seine Weissagungen scheinen von dieser Art gewesen zu sein. Seinem Freund Federigo Borromeo gesteht er: «Manchmal muß ich etwas sagen und weiß nicht warum. Gott verlangt es von mir.»

Was hindert uns an der Annahme, daß auf diesen Heiligen der ältere Teil der Malachiasprophetie zurückgeht? Eignung und Zeit sprechen dafür, aber auch der Geist, der die Prophetie beseelt, die hohe Vorstellung von der welt- und heilsgeschichtlichen Bedeutung des Papsttums, die Rolle, die der Stadt Rom als dem Sitz des Apostolischen Stuhls in ihr zukommt. Auch daran erkennt man den Geist Philipp Neris, den man den Apostel der Ewigen Stadt nannte. Aber auch die Tatsache, daß sich von der ursprünglichen Redaktion der Prophetie keine Spur mehr finden ließ, spricht für die Verfasserschaft dieses Heiligen, der vor seinem Tod seine persönlichen Papiere dem Feuer preisgab.

Noch Mitte des 18. Jahrhunderts wurden in Rom Voraussagen auf zukünftige Päpste dem hl. Filippo Neri zugeschrieben. Ein Hinweis hierfür findet sich in einem Brief Lorenzo Ganganellis, des späteren Klemens XIV., an den Kardinal Marcello Crescenzi vom 13. März 1750 aus Rom, in dem es abschließend heißt: «In tiefster Ehrfurcht küsse ich Ihnen die Hände in Erwartung des Augenblicks, in dem wir Ihnen die Füße küssen werden, wenn die dem hl. Filippo Neri zugeschriebene Prophezeiung, von der unterdes jedermann spricht, eintrifft» *(Le bacio le mani col più profondo rispetto, in attenzione di quel momento in cui le baceremo i piedi, se avrà luogo la profezia attribuita a S. Filippo Neri, e che da ognuno intanto vien pubblicata*)[112].

Philipp Neri, diesem humoristischen Heiligen, wie Goethe ihn nannte, bereitete es offensichtlich gelegentlich Vergnügen den Seinen durch rätselhafte heraldische Symbole, deren Sinnbezug erst entdeckt werden mußte, geistige Unterweisung zu erteilen. So hingen Jahre hindurch an der Wand seines sehr bescheiden ausgestatteten Zimmers zwei große Kardinalswappen, die den Blick der Eintretenden auf sich zogen. An Stelle der Wappenschilder zeigten sie Totenschädel und wenn man den Heiligen nach dem Warum und Wozu dieser Sinnbilder fragte, dann erhielt man nur rätselvolle Andeutungen. Erst nach seinem Tod, als seine beiden geistlichen Söhne Tarugi und Baronio den Kardinalshut empfingen, glaubte man in den beiden Wappen eine Voraussage und Warnung dessen zu erkennen, der mehrmals während seines Lebens die Kardinalswürde abgelehnt hatte[113]. Dürfen wir in einem solchen Verhalten den Verfasser der Papstweissagung wieder erkennen? Einer seiner neueren Biographen meint, Filippo Neri müßte von den Mystifikatoren hohen Stils längst als ihr Schutzpatron Verehrung genießen[114].

VERFASSER UND INTERPRET DER JÜNGEREN VATIZINIEN

Es bleibt die Frage offen, wer es unternommen hat, die Weissagung zeitlich rückwärts bis Cölestin II. (1143) zu ergänzen. Die Antwort wird erleichtert durch Merkmale der jüngeren Vatizinien selbst, die gewisse Rückschlüsse auf ihren Verfasser zulassen. Sie zeigen, daß dieser in irgendeiner Weise Einblick in die Geheimnisse der älteren Sinnsprüche erhalten haben muß. Nur so erklärt sich, daß beide Devisengruppen bei aller Verschiedenheit doch eine innere Verwandtschaft besitzen, die über rein formale Ähnlichkeit hinausreicht.

Der Autor der jüngeren Vatizinien muß außerdem gute Kenntnisse der Kirchengeschichte besessen haben. Mögen seine Angaben auch auf den Schriften des Panvinius gründen, er hat immerhin gewußt, welches literarische Hilfsmittel am schnellsten und bequemsten über das Vorleben und die Wappen der Päpste unterrichtet. Darüber hinaus offenbart sich sein kirchenhistorisches Wissen auch durch die Zuweisung der Prophetie an den hl. Malachias und in der symbolischen Gestaltung eines Teils der von ihm verfaßten Devisen. Denn dieser symbolische Gehalt setzt geschichtliches Wissen voraus, das er in den Epitome oder Imagines des Panvinio nicht finden konnte. Eine Person, die diese Kenntnisse besaß, ließ sich unschwer in der Umgebung des Heiligen finden, wo die Kirchengeschichte sich seit jeher besonderer Pflege erfreute. Von 1559 an behandelte Baronius auf Neris Geheiß jahrzehntelang in den Versammlungen des Oratoriums dieses Gebiet[115]. Man könnte an Baronius selbst als Autor der jüngeren Vatizinien denken. Die Vergleichsmöglichkeiten mit seinen *Annales ecclesiastici,* die nur bis zum Jahre 1198 reichen, sind dürftig. Nur etwas über 50 Jahre behandelt der erst 1607 erschienene 12. Band die Papstgeschichte gemeinsam mit der Malachiasprophetie. Ein Vergleich der Vatizinien mit den wenigen Angaben über die Sukzession der Päpste in den Annalen ergibt keinen Anhaltspunkt für eine Abhängigkeit. Jedoch ist der zeitliche Abstand zwischen der Abfassung der Weissagung, die 1595 bereits im Druck vorliegt, und dem zwölf Jahre später erschienenen 12. Band von Baronius' Annalen zu erheblich, als daß zwischen beiden ein Vergleich möglich wäre. Zu den Mitgliedern des römischen Oratoriums, die außer Baronius durch kirchenhistorische Veröffentlichungen hervortraten, gehören Antonio Gallonio und Tommaso Bozio[116]. Wer aus der Umgebung des Heiligen tatsächlich als Verfasser der jüngeren Vatizinien in Betracht kommt, wird sich vielleicht nie mehr mit Bestimmtheit ermitteln lassen. Dies tut auch nicht viel zur Sache, denn in der Genesis der Weissagung ist er eine durchaus zweitrangige Figur.

Nach ihrer Entstehung wurden die Vatizinien (die jüngeren und drei der älteren) mit Kommentaren versehen. Wion, der Herausgeber, behauptet, sie stammten von Alfons Ciaconius OP, dem bekannten Katakombenforscher und Papsthistoriker. An dieser Angabe wurden mit Recht Zweifel laut. Man machte geltend, daß die Devisen wie ihre Kommentare in einer Reihe von Fällen der posthum erschienenen Papstgeschichte des Ciaconius widersprechen. Die Frage ist zulässig, warum der Verfasser der jüngeren Vatizinien nicht auch ihre Interpretation übernommen haben soll. Die Kommentare verfolgen ja das gleiche Ziel wie die Devisen selbst; sie wollen den Eindruck verstärken, die Prophetie besitze ein sehr hohes Alter und ihre Glaubwürdigkeit sei durch die Geschichte erwiesen. Weshalb hätte man hierzu der Hilfe des Ciaconius bedurft? Für den Autor der Vatizinien war es doch eine Kleinigkeit, ihnen einen kommentierenden Text beizufügen. Die in die Augen springende Ähnlichkeit zwischen den Devisen und ihren Kommentaren verstärkt noch den Eindruck, daß sie denselben Verfasser besitzen.

Es fragt sich indes, ob Ciaconius nicht doch mit der Prophetie zu tun hatte[117]. Ihre Textgestaltung war wohl schon abgeschlossen, als er sie zu Gesicht bekam. Aber es gibt Gründe, die dafür sprechen, daß er ihr Vermittler an Wion war. Um die Glaubwürdigkeit der Weissagung zu steigern, hatte man offensichtlich beabsichtigt, sie nicht gesondert zu veröffentlichen, sondern innerhalb eines größeren bibliographischen Werks. Nun mag es von Interesse sein, daß sowohl Ciaconius als Wion sich mit dem Gedanken trugen, ein solches Werk herauszugeben. Wion, der sein Vorhaben in seinem *Lignum vitae* von 1595 verwirklichte, beschränkte sich auf die literarischen Leistungen seines Ordens. Des Ciaconius Arbeit kam über die Stoffsammlung nicht hinaus. Sie sollte eine Bibliographie großen Stils, eine Bibliotheca universalis, wie er sich selbst ausdrückte[118], werden. Vielleicht war zunächst in ihr an die Veröffentlichung der Prophetie gedacht, und ist man erst davon abgekommen, als sich die Drucklegung von Ciaconius' Werk verzögerte[119], oder man glaubte, daß die Weissagung besser in den Rahmen von Wions Arbeit passe.

ANMERKUNGEN SOWIE QUELLEN- UND LITERATURNACHWEIS

Die Details zur Papstgeschichte sind, soweit nicht anders angegeben, den großen Darstellungen von L. v. Pastor, Geschichte der Päpste seit dem Ausgang des Mittelalters, Bd. 9–16, Freiburg i. Br. 1958–1961, J. Schmidlin, Papstgeschichte der neuesten Zeit, 4 Bde., München 1933–1939 sowie F. X. Seppelt und G. Schwaiger, Geschichte der Päpste von den Anfängen bis zur Mitte des 20. Jahrhunderts, Bd. 5, München 1959, entnommen. Da Pastor stark die zeitgenössischen Konklaveberichte verwertet, wurde sein Werk auch für Einzelheiten zur Datierung und den Verlauf der Papstwahlen herangezogen.

Für hagiographische Fragen wurden, soweit nicht anders erwähnt, verwendet:

Joh. Evang. Stadler, Vollständiges Heiligenlexikon, 5 Bde., Augsburg 1858–1882;

Butler's Lives of the saints, neu hrsg. von Herbert Thurston SJ und Donald Attwater, 4 Bde., London 1956;

Bibliotheca Sanctorum, 13 Bde., Rom 1961–1970;

Karl Künstle, Ikonographie der christlichen Kunst, 2. Bd.: Ikonographie der Heiligen, Freiburg i. Br. 1926;

Lexikon der christlichen Ikonographie, hrsg. von Engelbert Kirschbaum 1968 ff.

Otto Wimmer, Handbuch der Namen und Heiligen, Innsbruck-Wien-München [3]1966;

Reclams Lexikon der Heiligen und der biblischen Gestalten, Stuttgart 1968.

Zur Deutung der symbolischen Bilder der Weissagung waren folgende Werke hilfreich:

Jean Chevalier – Alain Gheerbrant, Dictionnaire des symboles, Paris 1969;

Ad de Vries, Dictionary of Symbols and Imagery, Amsterdam-London 1974;

Louis Réau, Iconographie de l'art chrétien, 6 Bde., Paris 1955–1959;

Photina Rech, Inbild des Kosmos. Eine Symbolik der Schöpfung. 2 Bde., Salzburg-Freilassing 1966;

Dorothea Forstner, Die Welt der christlichen Symbole, 3. Aufl., Innsbruck-Wien-München 1977.

1 Man betrachte unter diesem Gesichtspunkt Joseph Schmidlins Papstgeschichte der neuesten Zeit. Angesichts der Häufigkeit, mit welcher ihr Verfasser die Malachiasprophetie zur Charakterisierung der von ihm behandelten Pontifikate heranzieht, scheint es kaum verständlich, daß derselbe Autor gleichzeitig (3. Bd., München 1936, S. 179) noch zu dem Ergebnis seines Aufsatzes in der Festschrift für Heinrich Finke (1904) steht, wo es auf S. 32 heißt: «Die Weissagung des hl. Malachias ist eine grobe Fälschung ... Jeder Rettungsversuch ist aussichtslos!»

Das Pontifikat Leos XIII. leitet Schmidlin mit folgenden Worten ein: «Eine wahre Crux de cruce nach der Malachiasweissagung wie nach seiner eigenen Leidensgeschichte war 1878 mit Pius IX. dahingegangen. «Überall nichts als Trümmer und Tränen», so lautete das trostlose Ergebnis seines Rundblicks am Abschluß seines sturmbewegten Pontifikates ... vom italienischen Eindringling unter dem Kreuzwappen Piemonts seiner zeitlichen Herrschaft und Ausstattung beraubt ... hinterließ der persönlich milde, aber in den Grundsätzen unbeugsame «Gefangene des Vatikans» eine waffenschwere Kriegsparole als schwer zu liquidierende Erbschaft. Um durch ein weitherziges Friedensprogramm die abgerissenen Fäden wieder anzuknüpfen und die abgebrochenen Brücken wieder aufzubauen ... dazu bedurfte es eines Mannes der Versöhnlichkeit und der Fortschrittlichkeit: eines wahren Lumen de coelo, eines Lichtes vom Himmel – wie es im Pecciwappen als Erfüllung der alten Prophetie wie auch als Sinnbild der Hoffnung auf eine lichtvollere Zukunft des Papsttums erstrahlte» (Joseph Schmidlin, Papstgeschichte der neuesten Zeit, 2. Bd., München 1934, S. 331).

2 Der vollständige Titel lautet: Lignum vitae, ornamentum et decus ecclesiae, in quinque libros divisum. In quibus totius sanctissimae religionis divi Benedicti initia, viri dignitate, doctrina, sanctitate ac principatu clari describuntur et fructus, qui per eos S. R. E. accesserunt, fusissime explicantur, auctore D. Arnoldo Wion, Belga, Duacensi, monacho S. Benedicti de Mantua, ordinis divi Benedicti nigrorum, congregationis Casinensis, alias S. Justinae de Padua ... Venetiis, apud Georgium Angelerium MDXCV.

3 Vgl. über ihn N. N. Huyghebaert, Anecdota Aldenburgensia. Uit de geschiedenis van de St. Pietersabdij te Oudenburg in de XVIe eeuw (Sacris Erudiri. Jaarboek voor Godsdienstwetenschappen VIII, 2 Brugge 1956, 336ff.).

4 Über Alfons Ciaconius siehe J. Guétif und E. Echard, Scriptores Or-

dinis Praedicatorum II, Paris 1721, 344–346; A. Zucchi. Roma Domenicana IV (1943) 197f.; Dictionnaire d'histoire et de géographie ecclésiastiques, hrsg. v. A. Baudrillart u. a. XII, Paris 1951, Sp. 263; Lexikon für Theologie und Kirche II (1958) Sp. 1200.

5 Vitae et gesta Summorum Pontificum a Christo Domino usque ad Clementem VIII. necnon S. R. E. Cardinalium cum eorundem insignibus M. Alfonsi Ciaconii Biacensis Ord. Praedicatorum et Apost. Paenitentiarii, 2 vol., Romae 1601.

6 Ausführliche Bibliographien zur Malachiasprophetie bieten: Ulysse Chevalier, Répertoire des sources historiques du moyen-âge, Bio-Bibliographie, Artikel: Malachie, Paris 1907, Sp. 2966/67; Joseph Maitre, La prophétie des papes attribuée à Saint Malachie, Paris-Beaune 1901, S. 47–140; M. Kuppens, A propos du Pseudo-Malachie (Revue Ecclésiastique de Liège XLV Nr. 5, 1958, S. 280–282); Text, Bibliographie und eingehende Würdigung der Weissagung enthält die Enciclopedia Universal Illustrada Europeo-Americana, Bd. 47, Barcelona 1923, S. 788–796.

7 Franc. Carrière OFM, Historia chronologica Pontificum Romanorum cum praesignatione futurorum ex sancto Malachia, Lugduni 1663, 1694; Venetiis 1697.

8 Daniel Papebroch SJ, Conatus chronico-historicus ad Catalogum Pontificum P. I Append. IV (Propylaeum ad Acta Sacntorum Maii, Antwerpiae 1685, p. 216f.).

9 Claude François Ménestrier SJ, Réfutation des prophéties faussement attribuées à saint Malachie sur les élections des papes, Paris 1689; deutsch von M. Christian Wagner, Leipzig 1691.

10 E. Vacandard, Un évêque d'Irlande au XIIe siècle – Saint Malachie O'Morgair (Revue des questions historiques, 52. Bd., Paris 1892, S. 5–57); E. Vacandard, La prophétie de Malachie sur la succession des Papes (Études de critique et d'histoire religieuse IV, Paris 1923, S. 43ff.); derselbe Verfasser beschäftigte sich mit dem gleichen Thema in der Revue du clergé français, Jg. 1895 und 1914 sowie in der Revue apologétique, Jg. 1922.

11 Earl of Bute, On the Prophecy of S. Malachie (Dublin Review, Okt. 1885, S. 369ff.).

12 H. Thurston, The socalled Prophecy of saint Malachie (The War und the Prophets, London 1915, S. 120–161) und The prophecies of future Popes (Month, Juni-Juli 1899).

13 Hermann Weingarten, Die Weissagung des Malachias über die Reihenfolge der Päpste (Theologische Studien und Kritiken. Eine Zeitschrift für das gesamte Gebiet der Theologie, Jg. 1857 Heft 3, Gotha 1857, S. 555–573).

14 Adolf Harnack, Über den Verfasser und den Zweck der Prophetia Malachiae de summis pontificibus 1590 (Zeitschrift für Kirchengeschichte, hrsg. von D. Theodor Brieger, 3. Bd., Gotha 1879, S. 315–324).

15 Joseph Schmidlin, Die Papstweissagung des hl. Malachias (Festgabe für Heinrich Finke, Münster i. W. 1904, S. 1–40).

16 Auch ein italienischer Auszug des Lignum vitae, unter dem Titel «Brieve Dechiaratione dell' Arbore Monastico Benedittino, intitolato Legno della Vita» 1594, also vor dem Hauptwerk bei Giorgio Angelieri in Venedig erschienen, erwähnt die Prophetie nicht.

17 Vita S. Malachiae in Acta Sanctorum Novembris II, 1, Brüssel 1894, S. 164 und Migne, Patrologia Latina Bd. 182 (1854) Sp. 1112.

18 René Thibaut S. J., La mystérieuse prophétie des Papes, Namur-Paris 1951, S. 10.

19 Joseph Maitre, La prophétie des Papes attribuée à S. Malachie. Étude critique, Paris-Beaune 1901 und Les Papes et la Papauté de 1143 à la fin du monde d'après la prophétie attribuée à S. Malachie. Étude historique, Paris-Beaune 1902.

Diese beiden Schriften stellen immer noch die bisher umfangreichste Behandlung des Themas dar und bieten darüber hinaus eine eingehende Bibliographie. Man mag die Verteidigung des Echtheitsanspruchs der Vatizinien für die mittelalterlichen Päpste durch den Verfasser als unhaltbar finden, für eine gerechte Würdigung der Prophetie war es doch sehr hinderlich, daß das zweite Werk von Maitre, das in so kurzem Zeitabstand nach dem ersten erschien, von der Forschung kaum beachtet wurde. So haben es Pastor (vgl. seine Geschichte der Päpste X, 530) und Schmidlin (Die Papstweissagung des hl. Malachias, in: Festgabe für Heinrich Finke, Münster i. W. 1904, S. 1–40) offensichtlich nicht gekannt.

20 a.a.O.

21 Ignaz von Döllinger, Der Weissagungsglaube und das Prophetentum in der christlichen Zeit (Historisches Taschenbuch, hrsg. von W. H. Riehl, 5. Folge, 1. Jg., Leipzig 1871, S. 265f.).

22 Ludwig v. Pastor, Geschichte der Päpste seit dem Ausgang des Mittelalters X, 529.

23 a.a.O. S. 319.

24 La prophétie des Papes, S. 580ff.

25 a.a.O. S. 33.

26 a.a.O. S. 23f.

27 Vgl. über ihn Pastor, a.a.O. IX, 297, 300–302.

28 Vgl. auch M. Kuppens, A propos du Pseudo-Malachie (Revue ecclésiastique de Liège XLV, 5, S. 308) wo des näheren ausgeführt wird,

daß zwischen der Papstprophetie und der «Monarchia Ecclesiae» des Sanders keine Verwandtschaft zu erkennen ist.

29 a.a.O.

30 Vgl. Adolf Harnack a.a.O.

31 The socalled Prophecy of S. Malachie a.a.O.

32 Luigi Fumi, L'opera di falsificazione di Alfonso Ceccarelli, Perugia 1902.

33 P. Orazio Premoli, Un falso profeta (Rassegna Nationale, 41. Jg. 2. Serie, Bd. 23, 1919, S. 7–14).

34 Thibaut bietet keine Verbalexegese. Die Vatizinien der Papstprophetie stehen ihm zufolge in Zusammenhang mit den Zahlbuchstaben ihres Textes, mit Sonntagsbuchstaben, Sonnen- und Mondzyklen, Indikationen usw. Vgl. hierzu die ausführliche Kritik von M. Kuppens in der Revue Ecclésiastique de Liège a.a.O.

35 Vgl. E. Vacandard, La prophétie de Malachie sur la succession des Papes a.a.O. S. 56f. und Alexandre Brou, La pseudo-prophétie de Malachie «Pastor angelicus» (Études par des pères de la compagnie de Jésus, Bd. 170, Paris 1922, S. 419).

36 Vgl. Herbert Grundmann, Die Papstprophetien des Mittelalters (Archiv für Kulturgeschichte, Bd. 19, 1929, S. 77–138), Friedrich Baethgen, Der Engelpapst, Idee und Erscheinung, Leipzig 1943 und Otto Clemen, Die Papstweissagungen des Abts Joachim von Flore (Zeitschrift für Kirchengeschichte, Bd. 48, Gotha 1929, S. 371–379).

37 Joseph Schnitzer, Savonarola. Ein Kulturbild aus der Zeit der Renaissance II, München 1924, S. 716f.

38 Vgl. Friedrich Baethgen a.a.O. S. 10.

39 Wie Herbert Grundmann a.a.O. S. 137 annimmt.

40 a.a.O. S. 137.

41 W. Bornemann, Die Allegorie in Kunst, Wissenschaft und Kirche, Freiburg i. Br. 1899, S. 12f.

42 G. Siewerth im Lexikon für Theologie und Kirche I (1957), Art. Allegorie, Sp. 343.

43 Vgl. Emblemata. Handbuch zur Sinnbildkunst des 16. und 17. Jahrhunderts. Ergänzte Neuausgabe. Hrsg. von Arthur Henkel und Albrecht Schöne, Göttingen 1976.

44 Photina Rech, Inbild des Kosmos. Eine Symbolik der Schöpfung I, Salzburg-Freilassing 1966, S. 73.

45 Pastor IX, 719 und 721.

46 Die christliche Literatur vergleicht gelegentlich das Kreuz Christi mit der Weltachse (Herder-Lexikon, Symbole, Freiburg i. Br. 1978, S. 183).

47 Michael Seidlmayer, Geschichte des italienischen Volkes und Staates

vom Zusammenbruch des Römischen Reiches bis zum Weltkrieg (Die Große Weltgeschichte Bd. 9), Leipzig 1940, S. 339.

48 M. Vivien de Saint-Martin, Nouveau dictionnaire de Géographie Universelle Bd. V, Paris 1890, S. 227; Enciclopedia Universal illustrada Bd. 52, S. 430.

49 Alphonsius Ciaconius, Vitae et Res gestae Pontificum Romanorum et S. R. E. Cardinalium III (1677) Sp. 700 und IV (1677) Sp. 78 und 214.

50 Leopold von Ranke, Die römischen Päpste in den letzten vier Jahrhunderten, Wien ²1934, S. 442f.

51 Siehe Archiv für katholisches Kirchenrecht Bd. 84 (1904) S. 405.

52 Lexikon für Theologie und Kirche IV (1960) Sp. 242.

53 Seppelt-Schwaiger, Geschichte der Päpste V (1959) S. 248.

54 Pastor a.a.O. XIII, 1 S. 153.

55 Joseph Maitre, Les Papes et la Papauté S. 401.

56 Ferdinando Ughelli, Italia sacra sive de episcopis Italiae et insularum adiacentium VII, Rom 1659, Sp. 1037/38.

57 Als rosa mystica in der Lauretanischen Litanei angerufen oder etwa bei Dante, Divina Commedia, Paradiso XXIII, 73.

58 Vgl. Paul Gründel, Die Wappensymbolik, Leipzig 1907, S. 36f.

59 Joseph Maitre, Les Papes et la Papauté S. 415.

60 Pastor a.a.O. XIV, 1 S. 324ff.

61 Der gelehrte Jesuit Heinrich Engelgrave († 1670), der in seinem Predigtwerk Caeleste Pantheon I (Köln 1671) S. 54 den Text der Malachiasprophetie, von deren Authentizität er überzeugt ist, mit Erklärungen wiedergab, kommentiert das «Montium custos» wie folgt: «Alexander VII. cuius insignia montes quibus sidus caeleste, velut oculus vigil et custos supereminet, iuxta illud: Stellae dederunt lumen in custodiis suis (Baruch 3).»

62 Jakob Balde, Dichtungen. Hrsg. und übersetzt von Max Wehrli, Köln-Olten 1963, S. 88 u. 132.

63 a.a.O. S. 81.

64 Handwörterbuch des deutschen Aberglaubens VI, Berlin-Leipzig 1934/35, Sp. 370, 372. Huberta von Bronsart, Kl. Lebensbeschreibung der Sternbilder, Stuttgart 1963, S. 143f.

65 Johann Heinrich Zedler, Universallexikon VI (1733) Sp. 1920.

66 Andreas Posch, Ein kaiserlicher Gesandtschaftsbericht aus Rom 1686, in: Festschrift für Karl Eder, Innsbruck 1959, S. 141, 151.

67 Otto Titan von Hefner, Handbuch der theoretischen und praktischen Heraldik, München 1863, S. 137.

68 J. B. Rietstap, Armorial Général II, Gouda 1887, S. 438.

69 Joseph Maitre a.a.O. S. 464 mit Abbildung.

70 Aus den Litterae Annuae, den Jahresberichten des Neußer Jesuitenkollegs zum Jahre 1700 (ed. Peter Stenmans, Neuß 1966, S. 225).
71 Wetzer und Welte's Kirchenlexikon IX (1895) Sp. 27.
72 Acta Sanctorum Julii III, Antwerpen 1723, p. 115.
73 Alfred von Reumont, Geschichte der Stadt Rom III, 2, Berlin 1870, S. 654.
74 Die römische Adelsfamilie Colonna führt im Hinblick auf die Säule im Wappen die Devise «Contemnit tuta procellas» (Paul Gründel, Die Wappensymbolik, Leipzig 1907, S. 49).
75 Joseph Maitre a.a.O. S. 486f.
76 Die gebräuchliche Auslegung geht davon aus, daß Klemens XIII. vor seiner Wahl einige Zeit Governatore zu Rieti war. Rieti gehört heute zu Latium, nicht zu Umbrien. Landschaftlich mag man die Stadt zu Umbrien zählen, so wie sie früher auch zum Herzogtum Spoleto (heute Provinz Perugia) gehörte. Auch steht das Tal von Rieti mit dem Leben des hl. Franz in engem Zusammenhang. Bald nach seiner Bekehrung (1209) zog er dorthin und gegen Ende seines Lebens hielt er sich erneut dort auf.
77 Pastor a.a.O. XVI, 1 S. 991.
Wetzer und Welte's Kirchenlexikon V (1888) Sp. 1924.
78 Alfred Delp SJ., Cor Jesu. Eine heilsgeschichtliche Betrachtung (= Geist und Leben, Zeitschrift für Aszese und Mystik, 21. Jahrg. 1948, S. 81–84).
79 Bibliotheca Sanctorum III (1963), 1101/02.
80 Maitre a.a.O. S. 518; dort auch abgebildet.
81 Leopold v. Ranke, Die Geschichte der Päpste, hrsg. von Willy Andreas, Wiesbaden 1957, S. 625.
82 Emil Ludwig, Napoleon, Berlin 1925, S. 231.
83 Ferdinando Ughelli, Italia sacra sive de episcopis Italiae et insularum adiacentium rebusque ab iis praeclare gestis II,
Rom 1647, Sp. 956.
84 Joh. Heinrich Zedler, Universallexikon Bd. 45, Leipzig und Halle 1745, Sp. 2268.
85 Photina Rech, Inbild des Kosmos. Eine Symbolik der Schöpfung I, Salzburg-Freilassing 1966, S. 219.
86 Maitre a.a.O. S. 565 ff. Über die negative Bedeutung des Hundemotivs vgl. auch Lexikon der christlichen Ikonographie, hrsg. von Engelbert Kirschbaum, II (1970) Sp. 335.
87 «Castiglioni war vor allem ein religiöser Purpurträger, von versöhnlichem Charakter, Feind jeder Intrige (Ernesto Vercesi, I Papi del secolo XIX, Bd. 2, Torino 1936, S. 118).
88 Max Heimbucher, Die Orden und Kongregationen der katholischen

Kirche I (Paderborn 1896) S. 204; Petri Damiani Vita Beati Romualdi (Fonti per la storia d'Italia 94, Rom 1957, S. 42); Enciclopedia Cattolica III, Città del Vaticano 1949, Sp. 420; Lexikon für Theologie und Kirche V (1960) Sp. 1266f.

89 Gaston Castella, Papstgeschichte III, Zürich 1946, S. 130.

90 Conte Silvio Mannucci, Nobiliario e Blasoniario del Regno d'Italia III, Roma 1929, S. 317.

91 Leon Bloy, der in seinen Tagebüchern auf dieses eigentümliche Zusammentreffen hinweist, kommentiert es folgendermaßen: «Mir fällt das erstaunliche liturgische Gebet von der Messe des hl. Alfons Liguori auf – Worte, welche geradezu einer göttlichen Offenbarung gleichen, wenn man daran denkt, daß in diesem Augenblick das Konklave zur Papstwahl versammelt ist. Ignis ardens!!! Solche Dinge schießen wie Blitze an mir vorüber und gemahnen mich, daß Gott immer noch da ist und daß ich – ebenso immer noch – das gleiche Stück Treibholz bin, das verlassen und einsam auf einem Wildwasser dahinwirbelt» (Leon Bloy, Vier Jahre Gefangenschaft. Tagebücher von 1900–04, deutsch Nürnberg 1951, S. 359).

92 Ansgar Pöllmann, Benedikt XV. aus der Familie der della Chiesa, Dießen 1915, S. 34.

93 In der von Jesuiten herausgegebenen Zeitschrift La civiltà cattolica, 73. Jg. (1922), Quaderno 1721, S. 385ff. wird die Devise des soeben gewählten Pius' XI. Fides intrepida unter Hinweis auf einen früheren Beitrag dieser Zeitschrift (ser. XVI, vol. III, p. 430ff.: La cosidetta profezia di S. Malachia sui Papi) in ihrem Offenbarungscharakter zwar abgelehnt, jedoch als zeitgemäßes katholisches Programm begrüßt.

Wladimir d'Ormesson von der Académie Française meint im Vorwort zu dem Buch von Michel de Kerdreux, Dans l'initimité d'un grand Pape. Pie XI. Mulhouse 1963, niemals sei eine Weissagung exakter in Erfüllung gegangen als der Sinnspruch, den die Malachiasprophetie für Pius XI. bereithielt (S. 12).

94 Vgl. u. a. A. Brou SJ, La pseudo-prophétie de Malachie «Pastor Angelicus» in: Études par des pères de la compagnie de Jésus, Bd. 170, Paris 1922, S. 408–419.

95 Der evangelische Kirchenhistoriker Heinrich Hermelink schreibt in seinem Buch «Die katholische Kirche unter den Pius-Päpsten des 20. Jahrhunderts», Zollikon-Zürich 1949, S. 1f.: «Zu Beginn des zweiten Weltkriegs wurde der römischen Kirche das Geschenk zuteil, daß ein Piuspapst von zugleich höchstem diplomatischen Können und reinstem Frömmigkeitsstreben sowohl die politischen wie auch die heiligmäßigen Traditionen des Stuhls Petri aus dem ganzen vorausgegangenen Jahrhundert in seiner Person vereinigt, so daß mit Pius XII.

(seit 1939) ein Höhepunkt der Entwicklung erreicht zu sein scheint, der die Kurie befähigen sollte, in einer gänzlich veränderten und neugewordenen Welt nicht nur sich selbst fester denn je geltend zu machen, sondern auch einer nach Autorität schmachtenden Welt die Wege in die Zukunft zu weisen.»

96 Aus den zahllosen Belegen seien nur wenige herausgegriffen: der im Vatikan gedrehte Papstfilm «Pastor angelicus», die Trauerrede seines Nachfolgers als Patriarch von Venedig am 11. Oktober 1958 im Markusdom: «Tu fosti il Pastore angelico» (Osservatore Romano 9. 11. 1958), die Bekanntgabe des Todes durch den Kardinalvikar an Klerus und Volk von Rom: «Il nome augusto di Pio XII passerà alla storia come quello del «Pastore Angelico» . . .» (Osservatore Romano 10. 10. 1958), Inschriften in Castel Gandolfo und der Vorhalle der Basilika S. Lorenzo fuori le mura.

97 Während der Novendali, der neun Tage währenden Trauerämter für Pius XII., war in der Apsis von St. Peter ein hoher Katafalk als Tumba errichtet, versehen mit vier lateinischen Inschriften zu Ehren des Toten. Eine von ihnen lautete: «Pastor Angelicus sibi creditum gregem ad aeternae vitae pascua indefatigabili cura perduxit.»

98 Rudolf Graber, Papst Pius XII. Pastor Angelicus. Leutersdorf am Rhein 1956.

99 Ilse-Lore Konopatzki, Eugenio Pacelli, Pius XII. Kindheit und Jugend in Dokumenten. Salzburg und München 1974.

100 Vittorio Urbano Crivelli Visconti, Le casate nobili d'Italia, Roma 1955, 355.

101 Karl Thieme, Biblische Religion heute, Heidelberg 1960, S. 113–115.

102 Vgl. Photina Rech, Inbild des Kosmos. Eine Symbolik der Schöpfung II, Salzburg–Freilassing 1966, S. 134f.

103 Theodor von Oppolzer, Canon der Finsternisse, Wien 1887, S. 300/301; Berliner Astronomisches Jahrbuch für 1920, 145. Jhrg., Berlin 1918, S. 377.

104 John Henry Newman, Der Antichrist nach der Lehre der Väter, deutsch von Theodor Haecker, München 1951, S. 64.

105 Man vergleiche zu diesem Fragenkomplex, auf den hier nicht näher eingegangen werden kann, u. a. das schöne Buch von Josef Pieper, Über das Ende der Zeit. Eine geschichtsphilosophische Betrachtung. 3. Aufl. München 1980.

106 Über Philipp Neri vgl. Alfonso Capecelatro, La Vita di S. Filippo Neri, 2 Bde., Mailand 1884; Louis Ponnelle et Louis Bordet, Saint Philippe Néri et la société romaine de son temps, Paris [3]1929. Das Werk von Ponnelle und Bordet beruht auf jahrelanger Forschungsarbeit in Archiven und Bibliotheken zu Rom, Florenz, Mailand und Neapel.

Spätere Biographen sind mehr oder weniger von ihren Ergebnissen abhängig, so André Baudrillart, St. Philippe Néri, fondateur de l'oratoire romain, Paris 1939, M. Birgitta zu Münster, Der hl. Philipp Neri, der Apostel von Rom, Freiburg i. Br. 1951, Peter Dörfler, Philipp Neri. Ein Bildnis, München 1952. Vgl. auch Giovanni Incisa della Rocchetta e Nello Vian, Il primo processo per San Filippo Neri, 3 Bde., Città del Vaticano 1957–1960 (= Studi e Testi 191, 196). Die Zeugenaussagen im Kanonisationsprozeß Philipp Neris sind durch Ponnelle und Bordet weitgehend ausgewertet.

107 Louis Ponnelle et Louis Bordet, Saint Philippe Néri et la société romaine de son temps, Paris [3]1929, S. 67.

108 Ponnelle-Bordet a.a.O. S. 85.

109 Antonius Gallonius, Vita S. Philippi Neri (Acta Sanctorum Maii Tom. VI p. 507).

110 Hieronymus Barnabaeus, Vita S. Philippi Neri (Acta Sanctorum Maii Tom. VI p. 599).

111 Ponnelle-Bordet a.a.O. S. 104f.

112 Lettere, Bolle e Discorsi di Ganganelli (Clemente XIV) da Cosimo Frediani, Firenze 1845, S. 53.

113 Ponnelle-Bordet a.a.O. S. 470.

114 Marcel Jouhandeau, Philipp Neri, Der heilige Narr. Köln 1960, S. 21.

115 Vgl. Hubert Jedin, Kardinal Caesar Baronius. Der Anfang der katholischen Kirchengeschichtsschreibung im 16. Jahrhundert, Münster 1978, S. 20f.

116 Ponnelle-Bordet a.a.O. S. 250 und 303ff.

117 Im Nachlaßinventar des Ciaconius in Cod. Vat. Lat. 8185 ist unter den dort verzeichneten Büchern weder die Malachiasweissagung noch eine andere Papstprophetie aufgeführt.

118 Edmund Martène – Ursinus Durand, Veterum scriptorum et monumentorum historicorum, dogmaticorum, moralium amplissima collectio III, Paris 1724, Sp. 1328ff. Dieses Werk der beiden Mauriner enthält einige Briefe des Alfons Ciaconius.

119 Erst 1729 erschien zu Paris der 1. Band unter dem Titel «Bibliotheca libros et scriptores ferme cunctos ab initio mundi ad annum 1583 ordine alphabetico complectens». Dieser erste und einzig erschienene Band behandelt nur die Autoren, deren Namen mit den Buchstaben A–E beginnen.

INHALTSVERZEICHNIS

LIGNVM VITAE,

Ornamentum, & Decus Ecclesiæ,

IN QVINQVE LIBROS DIVISVM.

In quibus,

Totius Sanctiss. Religionis DIVI BENEDICTI initia;
Viri Dignitate, Doctrina, Sanctitate, ac Principatu clari
describuntur: & Fructus qui per eos S.R.E. accesserunt, fusissimè explicantur.

AVCTORE

D. ARNOLDO VVION, BELGA, DVACENSI,

Monacho S. Benedicti de Mantua, Ord. Diui BENEDICTI
Nigrorum, Congregationis Casinensis,
aliàs S. Iustinæ de Padua.

*Accessit dilucidatio, quomodo Principes AVSTRIACI,
Originem ducant ex ANICIA Romana Familia,
quæ erat DIVI BENEDICTI.*

AD PHILIPPVM II. HISPANIARVM
REGEM POTENTISSIMVM.

Cum Duplici Indice.

PARS PRIMA.

CVM PRIVILEGIO.

VENETIIS, APVD GEORGIVM ANGELERIVM.
M. D. XCV.

Collegij Societatis Iesu Molshemij. 1623

censis, deinde episcopus Dorícestrensis creatus, in omni pietate gregem suum gubernauit. Floruit anno Domini 600. & quod excurrit. *Demochares, tomo 3. cap. 15.*

Dumienses in Hispania, qui postea Bracarenses Archiepiscopi.

1 S. MARTINVS, monachus, & Abbas Monasterii Dumiensis, primusque illius loci etiam Episcopus, sua prædicatione Sueuos ab Arianismo ad unitatem fidei reduxit. Vixit anno 570. & sanctitate clarus migrauit, die 13. calend. Aprilis. *Trittemius lib. 2. cap. 13. Ambrosius de moralib. in hist. Hisp. lib. 11. cap 62. & alii.*

Dunenses in Hibernia, sub Archiepiscopo Armacano.

S. MALACHIAS, Hibernus, monachus Bencorensis, & Archiepiscopus Ardinacensis, cum aliquot annis sedi illi præfuisset, humilitatis causa Archiepiscopatu abdicauit anno circiter Domini 1137. & Dunensi sede contentus in ea ad finem usque uitæ permansit. Obiit anno 1148. die 2. Nouembris. *S. Bernardus in eius uita.*

Ad eum extant epistolæ S. Bernardi tres, uidelicet, 315. 316. & 317. Scripsisse fertur & ipse nonnulla opuscula, de quibus nihil hactenus uidi, præter quandam prophetiam de Summis Pontificibus, quæ quia breuis est, & nondum quod sciam excusa, & à multis desiderata, hic à me apposita est.

Prophetia S. Malachiæ Archiepiscopi, de Summis Pontificibus.

Ex castro Tiberis.	Cœlestinus. ij.	Typhernas.
Inimicus expulsus.	Lucius. ij.	De familia Caccianemica.
Ex magnitudine mõtis.	Eugenius. iij.	Patria Ethruscus oppido Montis magni.
Abbas Suburranus.	Anastasius. iiij.	De familia Suburra.
De rure albo.	Adrianus. iiij.	Vilis natus in oppido Sancti Albani.
Ex tetro carcere.	Victor. iiij.	Fuit Cardinalis S. Nicolai in carcere Tulliano.
Via Transtiberina.	Callistus. iij.	Guido Cremensis Cardinalis S. Mariæ Transtiberim.
De Pannonia Thusciæ.	Paschalis. iij.	Antipapa. Hungarus natione, Episcopus Card. Tusculanus.
Ex ansere custode.	Alexander. iij.	De familia Paparona.
Lux in ostio.	Lucius. iij.	Lucensis Card. Ostiensis.
Sus in cribro.	Vrbanus. iij.	Mediolanensis, familia cribella, quæ Suem pro armis gerit.
Ensis Laurentii.	Gregorius viij.	Card. S. Laurentii in Lucina, cu-

		na,cuius insignia enses falcati.
De Schola exiet.	Clemens. iij.	Romanus,domo Scholari.
De rure bouensi.	Cœlestinus. iij.	Familia Bouensi.
Comes Signatus.	Innocentius. iij.	Familia Comitum Signiæ.
Canonicus de latere.	Honorius. iij.	Familia Sabella, Canonicus S. Ioannis Lateranensis.
Auis Ostiensis.	Gregorius. ix.	Familia Comitum Signiæ Episcopus Card.Ostiensis.
Leo Sabinus.	Cœlestinus. iiij.	Mediolanensis, cuius insignia Leo,Episcopus Card. Sabinus.
Comes Laurentius,	Innocentius iiij.	domo flisca, Comes Lauaniæ,Cardinalis S.Laurentii in Lucina.
Signum Ostiense.	Alexander. iiij.	De comitibus Signiæ,Episcopus Card. Ostiensis.
Hierusalem Campaniæ.	Vrbanus. iiii.	Gallus, Trecensis in Campania, Patriarcha Hierusalem.
Draco depressus.	Clemens. iiii.	cuius insignia Aquila vnguibus Draconem tenens.
Anguinus uir.	Gregorius. x.	Mediolanensis,Familia vicecomitum,quæ anguē pro insigni gerit.
Concionator Gallus.	Innocentius. v.	Gallus, ordinis Prædicatorum.
Bonus Comes.	Adrianus. v.	Ottobonus familia Flisca ex comitibus Lauaniæ.
Piscator Thuscus.	Ioannes. xxi.	antea Ioannes Petrus Episcopus Card. Tusculanus.
Rosa composita.	Nicolaus. iii.	Familia Vrsina,quæ rosam in insigni gerit, dictus compositus.
Ex teloneo liliacei Martini.	Martinus. iiii.	cuius insignia lilia, canonicus,& thesaurarius S.Martini Turonen.
Ex rosa leonina.	Honorius. iiii.	Familia Sabella insignia rosa à leonibus gestata.
Picus inter escas.	Nicolaus. iiii.	Picenus patria Esculanus.
Ex eremo celsus.	Cœlestinus. v.	Vocatus Petrus de morrone Eremita.
Ex undarũ bñdictione.	Bonifacius. viii.	Vocatus prius Benedictus, Caetanus,cuius insignia undæ.
Concionator patereus.	Benedictus xi.	qui uocabatur Frater Nicolaus,ordinis Prædicatorum.

De

De fessis aquitanicis.	Clemens V. natione aquitanus, cuius insignia fessæ erant.
De sutore osseo.	Ioannes XXII. Gallus, familia Ossa, Sutoris filius.
Coruus schismaticus.	Nicolaus V. qui uocabatur F.Petrus de corbario, contra Ioannem XXII. Antipapa Minorita.
Frigidus Abbas.	Benedictus XII. Abbas Monasterii fontis frigidi.
De rosa Attrebatensi.	Clemens VI. Episcopus Attrebatensis, cuius insignia Rosæ.
De mõtibus Pãmachii.	Innocentius VI. Cardinalis SS. Ioannis & Pauli. T. Panmachii, cuius insignia sex montes erant.
Gallus Vicecomes.	Vrbanus V. nuncius Apostolicus ad Vicecomites Mediolanenses.
Nouus de uirgine forti.	Gregorius XI. qui uocabatur Petrus Belfortis, Cardinalis S.Mariæ nouæ.
Decruce Apostolica.	Clemens. VII. qui fuit Presbyter Cardinalis SS. XII. Apostolorũ, cuius insignia Crux.
Luna Cosmedina.	Benedictus XIII. antea Petrus de Luna, Diaconus Cardinalis S.Mariæ in Cosmedin.
Schisma Barchinoniũ.	Clemens VIII. Antipapa, qui fuit Canonicus Barchinonensis.
De inferno prægnãti.	Vrbanus VI. Neapolitanus Pregnanus, natus in loco qui dicitur Infernus.
Cubus de mixtione.	Bonifacius. IX. familia tomacella à Genua Liguriæ orta, cuius insignia Cubi.
De meliore sydere.	Innocentius. VII. uocatus Cosmatus de melioratis Sulmonensis, cuius insignia sydus.
Nauta de Ponte nigro.	Gregorius XII. Venetus, commendatarius ecclesiæ Nigropontis.
Flagellum solis.	Alexander. V. Græcus Archiepiscopus Mediolanensis, insignia Sol.
Ceruus Sirenæ.	Ioannes XXIII. Diaconus Cardinalis S.Eustachii, qui cum ceruo depingitur, Bononiæ legatus, Neapolitanus.
Corona ueli aurei.	Martinus V. familia colonna, Diaconus Cardinalis S.Georgii ad uelum aureum.

Lupa Cœlestina,	Eugenius. IIII. Venetus, canonicus antea regularis Cœlestinus, & Episcopus Senēsis.
Amator Crucis.	Felix. V. qui uocabatur Amadæus Dux Sabaudiæ, insignia Crux.
De modicitate Lunæ.	Nicolaus V. Lunensis de Sarzana, humilibus parentibus natus.
Bos pascens.	Callistus. III. Hispanus, cuius insignia Bos pascens.
De Capra & Albergo.	Pius. II. Senensis, qui fuit à Secretis Cardinalibus Capranicæ & Albergato.
De Ceruo & Leone.	Paulus. II. Venetus, qui fuit Commendatarius ecclesiæ Ceruiensis, & Cardinalis tituli S.Marci.
Piscator minorita.	Sixtus. IIII. Piscatoris filius, Franciscanus.
Præcursor Siciliæ.	Innocentius VIII. qui uocabatur Ioānes Baptista, & uixit in curia Alfonsi regis Siciliæ.
Bos Albanus in portu.	Alexander VI. Episcopus Cardinalis Albanus & Portuensis, cuius insignia Bos.
De paruo homine.	Pius. III. Senensis, familia piccolominea.
Fructus Iouis iuuabit.	Iulius. II. Ligur, eius insignia Quercus, Iouis arbor.
De craticula Politiana.	Leo. X. filius Laurentii medicei, & scholaris Angeli Politiani.
Leo Florentius.	Adrian. VI. Florētii filius, eius insignia Leo.
Flos pilei ægri.	Clemens. VII. Florentinus de domo medicea, eius insignia pila, & lilia.
Hiacinthus medicorū.	Paulus. III. Farnesius, qui lilia pro insignibus gestat, & Card. fuit SS. Cosme, & Damiani.
De corona montana.	Iulius. III. antea uocatus Ioannes Maria de monte.
Frumentum flocidum.	Marcellus. II. cuius insignia ceruus & frumētum, ideo floccidum, quod pauco tempore uixit in papatu.
De fide Petri.	Paulus. IIII. antea uocatus Ioannes Petrus Caraffa.
Esculapii pharmacum.	Pius. IIII. antea dictus Io. Angelus Medices.
Angelus nemorosus.	Pius. V. Michael uocatus, natus in oppido Boschi.
Medium corpus pilarū.	Gregorius XIII. cuius insignia medius Draco.

co, Cardinalis creatus à Pio. IIII. qui pila in armis gestabat.

Axis in medietate signi. Sixtus. V. qui axem in medio Leonis in armis gestat.

De rore cœli. Vrbanus. VII. qui fuit Archiepiscopus Rossanensis in Calabria, ubi mãna colligitur.

Ex antiquitate Vrbis. Gregorius. XIIII.

Pia ciuitas in bello. Innocentius. IX.

Crux Romulea. Clemens. VIII.

Vndosus uir.
Gens peruersa.
In tribulatione pacis.
Lilium & rosa.
Iucunditas crucis.
Montium custos.
Sydus olorum.
De flumine magno.
Bellua insatiabilis.
Pœnitentia gloriosa.
Rastrum in porta.
Flores circundati.
De bona religione.
Miles in bello.
Columna excelsa.
Animal rurale.
Rosa Vmbriæ.
Vrsus uelox.
Peregrin⁹ apostolic⁹.
Aquila rapax.
Canis & coluber.
Vir religiosus.
De balneis Ethruriæ.
Crux de cruce.
Lumen in cœlo.
Ignis ardens.
Religio depopulata.
Fides intrepida.
Pastor angelicus.
Pastor & nauta.
Flos florum.
De medietate lunæ.
De labore solis.
Gloria oliuæ.
In psecutione extrema S.R.E. sedebit.
Petrus Romanus, qui pascet oues in multus tribulationibus: quibus transactis ciuitas septicollis diruetur, & Iudex tremẽdus iudicabit populum suum. Finis.

Quæ ad Pontifices adiecta, non sunt ipsius Malachiæ, sed R.P.F. Alphonsi Giaconis, Ord. Prædicatorũ, huius Prophetiæ interpretis.

Episcopatus de littera E.

Cap. XLI.

Elienses in Anglia, sub Cantuariensi Archiepiscopo.

D. 8 IOANNES, Anglus, monachus, & Abbas Monasterii de fontibus in Anglia, uir simplex & iustus, ac recedẽs à malo, Episcopus in locum Eustachii creatus & consecratus, anno 1220. die 8. Mensis Martii, in Dominica Lætare; & cum annis quinque optimè præfuisset, obiit anno 1225. Mense Iunio. *Matthæus Vuestm. ad annos citatos.*

10 Beatus Hugo, Anglus, monachus & Abbas cœnobii S. Edmun